第1卷

**奇闻说今古·谈笑有鸿儒**

{ 高晓松◎作品 }
XIAOSONG PEDIA

江苏凤凰文艺出版社
JIANGSU PHOENIX LITERATURE AND
ART PUBLISHING, LTD

# 书中涉及国旗一览表

英格兰国旗      大不列颠旗      英国旗

芬兰国旗      瑞典国旗      丹麦国旗

挪威国旗      冰岛国旗      瑞士旗      梵蒂冈旗

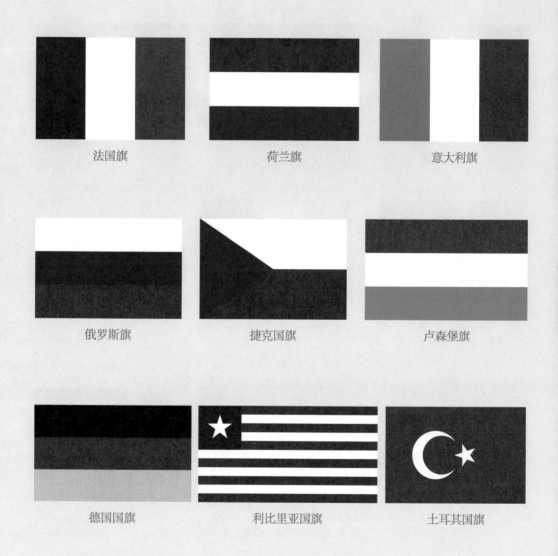

法国旗 荷兰旗 意大利旗

俄罗斯旗 捷克国旗 卢森堡旗

德国国旗 利比里亚国旗 土耳其国旗

# 书中涉及国旗一览表

阿尔及利亚国旗

伊朗国旗

喀麦隆国旗

加纳国旗

科特迪瓦国旗

哥伦比亚国旗

厄瓜多尔国旗

阿根廷国旗

乌拉圭国旗

智利国旗

孤星共和国 & 得克萨斯州旗

巴拿马旗

古巴国旗

明朝旗帜

青天白日满地红旗

五色旗　中华民国
1912–1918 年间国旗

西蒙·玻利瓦尔
Arturo Michelena 画

圣马丁

拿破仑在杜伊勒里宫书房
（雅克–路易·大卫作，1812 年）

斐迪南七世
戈雅所

里约热内卢的基督像
落成于 1931 年，总高 38 米。
是世界最闻名的纪念雕塑之一。

佩德罗一世

皇太极
《清太宗崇德皇帝朝服像》

降清后的洪承畴画像

第1卷

目录

第I卷

# 目录

# "旗"妙物语世界杯①

## 欧罗巴余晖

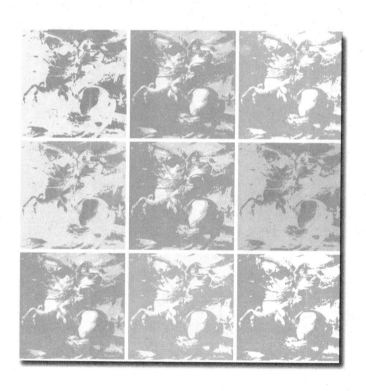

一到了世界杯，强国弱国次序变了，最强的超级大国变成了巴西、阿根廷，这个世界完全是每四年变成了一个崭新的世界，之后再回到原有的世界——英语的世界。》》

每次有一个新的事情要去做、有一个新的项目要开展、有一个新电影要拍、有一张新唱片要开工的时候，我都会觉得非常高兴，因为做我们这一行的人有一个大乐趣就是一生会做很多很多不同的事，这就是我当时放弃了科学来做这个的原因，做科学可能一生就只做一件事而且还经常没做成，但是在这一行我觉得很快乐，每隔个一两年、两三年大家可以做一件新的事情。

这是一个全新的名字《晓松奇谈》，英文名字也是新的，叫 Xiaosong Pedia，就是叫"晓松百科"，因为我看到有一个知音给我想了一个名字叫《江湖百晓生》，我觉得这名字挺好，既然叫《江湖百晓生》，就叫 Xiaosong Pedia。

《晓松奇谈》基本上还是来给大家讲历史和文

艺中各种有意思的事，包括我在两季《晓说》里跟大家承诺了的、当时没有来得及说的各种各样的有意思的事情，也会在这里继续跟大家来聊下去。稍微给大家预报一下，我准备讲什么：讲完大航海之后，一直就没讲大航海之后的世界——塑造好了这世界后来成什么样了呢？我要讲一个我自己觉得大航海之后特别有意思的一个时代，这个时代有最后一代伟大君王，慢慢给大家讲康熙大帝、彼得大帝以及太阳王，太阳王就是路易十四大帝，这一票大帝几乎是同时代生的，而且他们几乎都是少年即位，就是特别小特别小、个位数的岁数就即位了，然后成为了世界历史上最后一代伟大的君王，其实他们是继续大航海之后塑造了今天的世界，所以那一代的伟大君王要讲。

这之前我特别特别想在节目里跟明粉辩论一下，因为大家都知道我对明朝的态度是旗帜鲜明的，就是明朝是我特别不喜欢的一个朝代，但是实际上我不喜欢明朝的主要原因不是我经常开玩笑说的原因：什么明朝的妓女多、太监多……其实不是，是我觉得中国知识分子几乎所有的劣根性集中在明朝的时候爆发了，或者叫积累在明朝的时候爆发了。所以我准备跟大家讲一系列关于南明的主题，因为我觉得任何人要说我们是被外族灭了、明朝是被清朝灭掉的，我坚决不同意。清朝的人口、整个满族人口才几十万人，就跟我们一县差不多，如果一个几十万人的外族能够灭掉我们这个当时世界上最强大的大帝国是绝不可能的，不是几十万满族人，是我们汉族自己的所谓的知识分子们灭亡了自己的朝代，而不是那些什么外族流寇，那些其实都不足惧，所以到时候跟明粉们再辩论，我们友好辩论。

特别高兴的就是，我们之前聊了大量的美国和中国的历史以及现状，好像觉得这世界上就这两个国家似的，其实不是，主要是因为我自己最了解的国家是这两个国家，我长期生活在这两个国家，所以聊了很多这个，确实有很多人问我，说咱们聊聊其他的国家、聊聊其他的大洲吧！今天给了我一个特别好的契机，终于可以不讲中国跟美国了。中国跟美国在很多很多地方都很重要，政治，这两国家很重要，现在大家说 G2，就它们两个大国，两强。经济，这两个最重要，第一大经济国家，第二大经济国家。军事，最重要，就剩这两个国家还有钱能生产武器了，其他国家都快不行了。电影上这两个都成了最大的国家，最大的是美国，其次中国在紧紧追赶……各种指标都是这两大强国。可是这世界上有一个指标说出来，这两个国家都特羞愧地马上躲到一边，就是足球。大家每四年忘记这两个国家一次，其他的时候这两个国家烦死了，占据了各种各样的新闻头条，但是每到世界杯年，全世界人民欢欣鼓舞，这两个国家靠边站，对不起，大概有一个月的时间新闻里没你们两个。中国咱就不说了，惨痛的经历。世界杯跟中国就只有过一次关系，大家清楚地记得那一次关系，就是 0：2、0：3、0：4 的关系。然后跟美国好像有点关系，美国平时是个第一世界国家，是一个超级大国，跑到这里来是一个打酱油的小弟。所以终于我们可以不讲中国美国了。

我们会用大量篇幅来讲一讲除了美国跟中国之外的世界。大家说这不是世界杯吗？你怎么讲世界，不讲"杯"呢？主要是因为有那么多姓黄的、姓李的、姓段的……大家都在那儿讲"杯"，而且大家脑子里那大数据库比我要丰富，他们居然能记得 1982 年的 1/8 决赛的某一场球第几分钟谁谁进了一球，这种级别的人我们还是不要跟他们来竞争了，所以他们讲"杯"，我们讲世界。拼在一起我们讲的是世界杯。

世界说起来简单，拿着一球一转这就是世界，但是怎么来讲这个世界呢？我想了很久。我想到的是从这儿开始入手，就是平时美国趾高气扬，美国之前英国趾高气扬。说到世界的时候，大家都说英语，英语在世界上快成世界语了，英语多么多么厉害。但是一到了世界杯，强国弱国次序变了，最强的超级大国变成了巴西、阿根廷，这个世界完全是每四年变成了一个崭新的世界，之后再回到原有的世界——英语的世界。世界杯年应该说什么语最流行，说什么语最能听得懂、最时髦呢？大家看所有的转播的时候，那转播席上解说员说的差不多都是 Goal 进球了，各国都 Goal，但是那 Goal 的时间最长的、最热情奔放的是哪种语言呢？在这 32 国里说的语言最多的就是西班牙语，所以到世界杯年的时候大家得学几句西班牙语，看球的时候，包括念球员名字的时候如果能说几句西班牙语，你就是很专业的。

哪些国家说西班牙语呢？给大家挑出来看一看，按赛区看，欧洲赛区就不说了，除了西班牙没地方说西班牙语。然后往南美一看，这一串南美大强队全部说西班牙语。非洲，英语、法语各一半，一会儿来讲为什么各一半，虽然是五个。再看北美洲，哥斯达黎加说西班牙语，洪都拉斯说西班牙语，墨西哥说西班牙语，这三个国家说西班牙语，所以这一算下来九个国家说西班牙语，是最强大的世界。其实如果大家去美国看的话，会发现美国也快有好几个州说西班牙语了。所以每到世界杯年的时候，西班牙语的世界是最强大的世界。说明什么？英语国家善于建设，经济发达；西班牙语国家善于踢球，这是一个重要的特色。

排第二的是说法语的。法国说法语，欧洲除了法国还有说法语的国家。一个是瑞士。瑞士最大的一块是西边，尤其大家经常听说的瑞士的地名，什么日内瓦了、什么达沃斯了，就是大家经常在电视里看到的，这都是说法语的，瑞士法语区。所以瑞士也是一个说法语的大国，但瑞士还有一块苏黎世地区说德语，南部卢加诺地区说意大利语，这就不跟大家细讲了，反正瑞士也有一部分说法语。还有一个，比利时。比利时相当一块地方是讲法语的，其实整个欧盟重要的一个行政首都放在比利时的布鲁塞尔，就是因为它是说法语的，当然它还有说别的语言的地区。

为什么说非洲英语、法语各一半？非洲一共有五个国家参赛，一半说英语，一半说法语。为什么呢？首先，阿尔及利亚，这个稍微懂历史的人都知道，阿尔及利亚原来是法国最重要的殖民地；然后，科特迪瓦，科特迪瓦是说法语的，一看这名字就是法语，翻译出来是象牙海岸的意思；然后还有一个国家英语、法语都是官方语言，就是著名的喀麦隆。喀麦隆是看足球的人比较熟悉的，从米拉大叔开始，喀麦隆是常客，喀麦隆一半说英语一半说法语。加纳、尼日利亚是说英语的。所以在非洲说英语的就这两个半。在欧洲，说英语的国家是极少的，几乎没有，除了英国。但是还有说英语的国家，就是小弟美国和澳大利亚。所以全加起来说英语的也是差不多六个国家，但是说英语的这六个国家因为有了拖后腿的两个国家，就是美国跟澳大利亚，足球水平跟说法语的这六个国家相比还是稍微差了一点。所以本届世界杯有九个西班牙语国家、六个法语国家、六个英语国家。

剩下都很少了，说德语的除了德国大概还有比利时的一部分。说葡语的虽然也只有很少的两个，但是两个葡语国家可是非常地吓人，东道主巴西，以及葡萄牙。这两个葡语国家的足球水平几乎就是冠绝全球。所以大家可以想到最开始来统治世界的西班牙和葡萄牙这两个大帝国，最后留下的遗产居然最强的是足球。其他的都是后来来统治世界的英语国家、法语国家，尤其是英语国家现在在全世界是主流，西班牙语、葡语现在是足球的主流，到了每四年一次的世界杯，终于扬眉吐气了。

　　讲完了语言以后，我从国旗来入手，给大家讲讲怎么看待这个世界，这个世界今天是什么样子。其实专门说一个国家是什么样子是很难的，很多人来跟我辩论，我说过德国人不爱问路，还专门有一德国人来跟我辩论说，我就爱问路如何如何，那到底一个国家是什么样子的？其实每个国家都是大象，见仁见智，就是有人摸着大腿了，有人摸着鼻子。但是我觉得国旗是一个非常容易辨认出每一个国家的东西。因为国旗不光是个颜色问题，不光是个肤色问题，国旗其实凝聚了这个国家的几乎所有的历史、现在、未来，文化、传统、宗教，国家的一切几乎都融在国旗里。因为每一个国家，它设计国旗的时候特别希望把自己这个国家所有的梦想、所有的一切都放在国旗里，所以从国旗来看这个世界我觉得是个有意思的事。尤其是在世界杯的时候，因为大部分的球队都把国旗给穿身上了，所以大家刚一开电视如果没看清楚这两个队是谁、解说员没说的时候，大部分时候你看看身上的衣服，或者你看两边的标志，就基本上能看出来是哪两个队。我觉得这届世界杯开始的时候我要多讲一点，希望大家能够一看旗帜就大概知道他的国家在哪儿，他的文化是什么样子，一看他的队服基本上就能知道他是什么队。所以我们先从国旗开始跟大家聊。

　　先聊聊欧洲的国旗。每个洲的国旗我都总结了两句话，我自己原创的，欧洲的两句话叫作："上帝的归上帝，拿破仑的归拿破仑。"为什么这么说？大家知道英文里有一句成语，叫："上帝的归上帝，恺撒的归恺撒。"就是你管你的事儿，我管我的事儿，天上的事儿归上帝管，人间的事儿归恺撒管。这是英文里的一个成语，意思就是说各管各的，你别管我的事儿。我为什么把这个改成了"上帝的归上帝，拿破仑的归拿破仑"？因为实际上欧洲的国旗几乎是这两大系列。当然个别的咱们再单说。

上帝的系列，大家一看就明白，凡是跟十字架有关的都叫作上帝的系列。最重要的十字旗，大家能够经常看到的实际上是英国旗。然后就开始有人问了，为什么英国旗是十字？英国旗不是米字旗吗？这个地方要跟大家稍微说一下，因为这个旗帜在各个历史阶段、在各个电影电视剧里飘扬。美国人经常把三个概念弄混，就是 England、Great Britain 和 United Kingdom。说这个人是 England 来的，说这是 England 的东西；还一个叫 Great Britain，我们翻译成"大不列颠"，美国人里稍微觉得自己有点文化的不太爱说 England，他说 Great Britain，就是大不列颠来的。还有一个叫 UK，UK 其实就叫联合王国，United Kingdom。到底这三个概念有什么区别呢？这千万不能乱用，从旗帜上就能看出来。首先英格兰是这三个概念中面积最小的，我们经常说英伦三岛，英伦三岛其实也不是三个岛，就是一个岛，那一个岛上分了三个，一个叫英格兰，一个叫苏格兰，一个叫威尔士。英格兰旗就是白底红十字旗。

Great Britain，大不列颠的旗长得很像米字，但是大家看的时候觉得稍微有点不一样，就是它这个斜叉简单了一点，它是两个十字旗，一个是英格兰的旗叫作圣乔治旗，另一个就是苏格兰的蓝底白斜十字旗，苏格兰这个旗叫圣安德鲁旗，大不列颠旗就是英格兰旗和苏格兰旗拼到一起，成了一个初级的米字旗，但是还没有最后那个米字旗那么复杂，所以这两面旗弄到一起就是 Great Britain 旗。

然后北爱尔兰那个旗帜叫作圣帕特里克（St.Patrick）旗。一听到这个，所有去过美国的、在美国东海岸至少到过中西部地区的人就都知道了，因为圣帕特里克节在美国是一个巨大的节日，每到那时候，所有爱尔兰后裔全部上街，戴着绿帽子、挥着绿旗等，过他们这个圣帕特里克节。所以 St. Patrick 是北爱尔兰的或者叫爱尔兰的最重要的标志，它的标志也是一个斜叉旗，这个斜叉旗再落到原来那个米字旗上，就是现在大家看到的 the Union Jack。英国海军传统特别强，Jack 就是旗舰上前面那个旗。Union Jack 就叫联合旗舰旗，这个旗就是 UK（United Kingdom），英国旗。

欧洲十字旗分了三种，一种是正十字，一种是斜叉的十字，还有一种就是往左偏的十字，是北欧五国的旗，什么丹麦旗、瑞典旗，爱世界杯的人经常看到，它是个十字，但是在旗左边，所有北欧国家的旗帜十字都是往左偏的，大家看到瑞典、芬兰、挪威、丹麦、冰岛全部是向左偏，所以以后大家一看旗帜上十字在边上向左偏，就知道这是北欧国家。

瑞士的十字旗是跟所有的十字旗都不一样的。瑞士十字旗不但十字在中间，而且它是方的，大家看瑞士旗和英格兰旗好像看起来是反的，但实际上不是，英格兰旗还是一个正常旗，就是长条的。如果按照我们国家的分法，这 190 多个国家的旗帜里，瑞士旗是唯一一个正方旗，就是正方形。我觉得这特别突出了瑞士自己的理念，为什么说国旗代表了一个国家？像米字旗就代表了英国是个联合王国，英格兰、苏格兰、北爱尔兰这几个地方都要尊重，这是我们共同的，所以它代表了他们国家的信念。同时十字代表上帝，这很重要。瑞士代表了一个什么信念？当然上帝很重要，而且中立很重要，不偏不倚，我不是这样的旗，或者那样的旗，我就是一正方旗，这世界上唯一的一个正方旗国家。实际上对其他国家来说，世界上还有一个方旗国家，就是梵蒂冈，就是教皇所在那地方。但是我国不承认梵蒂冈是一国家。

基本上欧洲就是"上帝的归上帝"：北欧的一片十字旗，英国虽然是一个国家，但是实际上是三个部分的十字旗拼在一起的，以及瑞士、希腊这些国家，当然还有一些小国，这些小国都是一些宗教色彩很浓的小国，我们就不一一去讲了。你在这个世界上抬头看到的十字国旗几乎全是欧洲国旗，其他地方就没有带十字的国旗，至少没有单纯的十字国旗，可能会拼很多东西。所以十字旗——"上帝的归上帝"。

欧洲最早的国旗实际上是丹麦国旗。传说在丹麦人跨海征服爱沙尼亚的战争中，丹麦人正跟人打仗呢，突然天神来了，掉了一面国旗，本来都快打败了，捡起来一挥然后就全赢了。我自己瞎想，为什么在古代的时候，恺撒没有国旗，只有徽？国旗都是很后来很后来的事情了，我自己想到的原因就是因为没有那么好的纺织技术，不但没有那么好的纺织技术，也没有那么好的染色技术。

大家知道古代中国已经算是世界上拥有很好很好纺织技术跟染色技术的国家了，但是中国古代几乎没有花衣服，因为没有这么好的染色技术，说能把一块布染成三个颜色，没这能力，所以中国皂衣罗裙要么就全是黑的，要么就"布衣立谈成卿相"，布衣就是白的。几乎是要么就不染色，染色就全染成黑的。所以那个时代没法有国旗，那国旗不能是非黑即白的，直到很久以后，能在一块布上染出不同的颜色时，才有国旗。

接下来说"拿破仑的归拿破仑"，为什么这么说呢？大家首先看看法国旗，蓝白红三颜色，大家如果了解法国，尤其是大家如果看过大导演基耶斯洛夫斯基的三部电影《蓝》《白》《红》——这三部电影是非常让人记忆深刻的，就会知道。因为电影讲的就是这面旗帜的意义，这面旗帜的意义就是蓝色象征自由、白色象征平等、红色象征博爱。大家已经从小听腻了这三个词儿，批判的时候说资本主义国家虚伪的自由、平等、博爱其实是不自由、不平等，也不博爱；而喜欢西方的人说自由、平等、博爱有多好多好。其实它既不是那样好，也不是那样坏，大家自己去看看就知道，至少他们有这个理想。基耶斯洛夫斯基这三部电影其实讲的就是我们自由吗，我们平等吗，我们博爱吗。实际上电影讲的是困境，讲的是那个时代特别流行的存在主义困境。

这个蓝白红旗帜在拿破仑的带领下横扫了欧洲。蓝白红旗不是法国第一个用，实际是荷兰先用的，但是真正将这个旗帜打遍天下，而且扛上这面旗帜传播了整个自由、平等、博爱理念的是拿破仑。大家现在数数欧洲有多少蓝白红旗帜，光在这届世界杯 32 强里就有很多。首先是尼德兰，我要先跟大家多解释一句，尼德兰这个国家是一个联邦制的国家，里面分了七个自治省，其中最大的一个叫荷兰。大家有时候分不清楚尼德兰跟荷兰到底有什么区别，其实荷兰是组成尼德兰的七个自治省里面最大的一个，所以通常我们习惯了管它叫荷兰，实际上它不叫荷兰，叫尼德兰。

大家再看，俄国白蓝红、克罗地亚红白蓝，等等。所以欧洲一共就这么点国家，一堆蓝白红三色旗，这首先说明蓝白红这三个代表了自由、平等、博爱的颜色是欧洲最被认同的三种颜色。其实欧洲的大部分非上帝旗（就是刚才咱们讲的"上帝的归上帝"）都是三条旗，英文叫 Triband，竖着的三条旗叫 Vertical Triband，横着的三条旗叫 Horizontal Triband。但是不管横着竖着，三色是欧洲基本的东西，其中最多的是蓝白红。

拿破仑横扫天下的时候不但将这红蓝白带到了各个国家，而且还有别的颜色。大家看看意大利旗——红白绿，虽然这 32 强里的欧洲国家中只有意大利一个红白绿，但是欧洲各国旗帜中，红白绿是仅次于红蓝白的第二大三色。那么，红白绿是怎么来的？是拿破仑发明的。意大利当时非常支持拿破仑，意大利不像西班牙、葡萄牙、普鲁士或者俄国，它们原来都是国家，被拿破仑侵略了，所以大家奋起抵抗拿破仑，意大利那时候不是个国家，是分成了好多好多小块块的，意大利统一已经到了 1870 年，拿破仑都死了好多年了。意大利人民很支持拿破仑，所以拿破仑征服意大利的时候，亲手给意大利画了这个红白绿旗，因为拿破仑自己很喜欢绿色。红白绿旗又传染了欧洲一大片国家，所以这个也是根据拿破仑来的。

俄国的白蓝红确实不是从法国来的，因为法国征服过俄国，俄国不可能用征服者的旗帜，那么是从哪儿来的呢？是彼得大帝带回来的，大家知道彼得大帝是第一个打开俄国国门，然后向西欧学习的统治者，他自己就亲自跑到了荷兰，化装成一个造船厂的工人去学造船，谁都不知道他就是俄国皇帝，还去学了科学、语言等等。彼得大帝到荷兰的时候，荷兰已经就是红白蓝旗，而且当时的荷兰不是今天的荷兰，今天的荷兰只有踢球的时候以及吸毒的时候才会被想起，像阿姆斯特丹这种灯红酒绿的城市，卖淫也是合法

》彼得大帝肖像

》奥兰治的威廉

的,什么都是合法的,那时候的荷兰不是今天这么一个小国,而是一个非常非常强大的国家,刚刚从西班牙统治下解放出来,打败了西班牙。西班牙是无比强大的国家,不但征服世界,而且欧洲大量的地方都被西班牙征服,包括荷兰、比利时等,那时候比利时不叫比利时,叫西属尼德兰。

荷兰这国家特别有意思,以后有机会要跟大家细讲。这国家虽然到现在还有国王、女王之类的,但是它一直都不是一个真正的君主制国家,荷兰这个国家从最开始就是一个联邦制的、相当民主的国家,不是今天一人一票这种民主,是每个城市有一票,然后每一个邦组起了联邦。所以荷兰所谓的亲王也好,女王也好,不是像英国或者其他的君主制国家比如西班牙一样的那种所谓的君主立宪,荷兰是一个联邦制的、民主制的国家。所谓的女王只是它的一个代表、一个象征。那个时候,荷兰出现了非常非常著名,应该说是荷兰历史上最著名的一个亲王,这个亲王就叫作 Willem van Oranje(荷兰语)。一看到这个 van,大家就会想到荷兰球星,像范·巴斯滕等，这个 van 就是荷兰人名字中间的一个重要部分，就像普鲁士的"冯"，就像西班牙的"唐"。Willem van Oranje（荷兰语）我们中国翻成奥兰治的威廉。我们中国的翻译，有很多人乱翻，翻成这也有，翻成那也有，但是一些著名的君王我们是有标准翻译的，学过英文的人都知道 orange 是橙色的意思，说到这儿正好提一句，大部分国家的球衣都和国旗是一样颜色的，但是荷兰的球衣不是红蓝白，而是橙色的。为什么是橙色的？就是为了纪念他们这个伟大的亲王 Willem van Oranje（荷兰语）。

欧洲几乎没有出现陈胜、吴广或者刘邦、朱元璋这种平民举起旗帜就把国家横扫、代替原来的君王的情况，几乎是没过。拿破仑应该算是一个平民出身的，曾经横扫过欧洲，而且自己当了皇帝的。除了拿破仑以外还有一个就是拿破仑的侄子。

彼得大帝到了荷兰以后就觉得这么好、这么发达、这么先进的国家，我一定要向它学习，所以回来以后就把荷兰这红白蓝带回了俄国，俄国就变成了这样的旗帜。俄国很长时间都是这旗，只有中间大概 70 多年是苏联时代，苏联时代的旗帜突然蓝和白都没有了，就成红的了。在这儿跟大家多说一句，大量国家的旗帜上有红色，我们做了一个统计，统计下来发现红色是全世界现在存在的国旗里面使用第一频繁的颜色，其次才是蓝色、白色。为什么红色最频繁？就是因为大量的国家都流过血，大量的国家都是为了纪念曾经立国奋斗、战斗、牺牲的历史。

彼得大帝就把这个三色旗带回到了俄国，所以这就能解释为什么克罗地亚、捷克、斯洛文尼亚、原来从捷克斯洛伐克分裂出来的斯洛伐克也是白蓝红旗。捷克队是世界大强队，是世界杯的常客，这一次非常遗憾没去成。捷克国旗的白蓝红的排列，是左边一个蓝色的三角，右边是白红两条，由于横着的、竖着的白蓝红已经全都被别的国旗排列过了，实在不知道还能怎么排列了，最后就只能这么排列了。大家再看卢森堡旗跟荷兰旗简直一模一样，这两个有点什么不一样呢？卢森堡旗下边的蓝色比荷兰的浅一点，你要不是把两个旗帜搁一块看，一点都看不出来。那么为什么这几个国家也是白蓝红旗呢？这得说到传承。俄国是整个斯拉夫民族的头儿，整个斯拉夫民族都是因为有了俄国而为自己的民族骄傲。每个民族都是，就像所有华人都觉得中国强大了，他们骄傲；说英语的国家都为美国强大或者英国强大而骄傲。斯拉夫民族都觉得俄国强大，俄国是他们的榜样，除了少数时候，比如说苏联时代的俄国是最不受其他斯拉夫民族欢迎的，因为它强权，它去命令、威胁别的国家等，干这些帝国主义的事儿，就是所谓红色帝国主义嘛。只有那一个时代的俄国是不受大家喜欢的，其他的时候俄国都是斯拉夫民族的榜样，所以所有斯拉夫民族的旗帜基本上都是白蓝红。

红白绿的旗帜是拿破仑给意大利画的，也被大量效仿。比如大家看匈牙利国旗等，也都是这三种颜色，横着的竖着的什么都有。

再说黑红黄，这是著名大国德国的颜色，这个颜色跟拿破仑也有关系，为什么呢？拿破仑横扫欧洲打到德国的时候，德国不是一国家，而是310多个分裂的小国，所以说德国的公主最多，大家一说就说到茜茜公主，茜茜公主可不是德国的公主，而是德国南部一个小国家叫巴伐利亚的公主，德国分成了300多个小国，所以有各种各样的公主、大公、公爵等。德国当时因为太分散，完全打不过拿破仑，被拿破仑多次横扫，所以德国就痛感自己不是一个统一的国家，他们觉得一定要统一，于是就出现了联邦党人或者叫联邦

» 1871 年，德意志帝国于凡尔赛宫成立

分子，这些人奔走呼号，在德国宣传：我们一定要统一，我们要统一成一个强大的德国，我们说着一样的语言，我们吃着一样的香肠，腌着一样的酸菜，我们的姑娘们长得一样都不太好看，我们为什么不统一呢，我们为什么不成为一个强大的国家，而不是以前的只是名义上的叫神圣罗马帝国？存在了很长时间的神圣罗马帝国其实不是一个统一的国家，而是分散的，就像我们的周朝。东周就是有一个所谓的皇帝或者叫王，那王其实没什么用，就在那儿待着，春秋战国各大国各干各的。神圣罗马帝国基本也是这样，就是有几个选帝侯出来选帝，选上你了你就去当皇帝，但是其实你没什么用。

这些人为了识别自己，表明自己是一个希望德国统一的人、一个爱国者，就都穿什么样的衣服呢？穿黑斗篷、红肩章、金扣子。这身衣服想起来还是很漂亮的。所以那时候在德国各个邦的街上，只要看到穿着这种衣服的人，就说明他是想统一的、联邦的。所以红黄黑这三个颜色就变成了德国统一的标志，特别可笑的是德国后来真的统一了，但是并不是在 300 多个邦平等的基础上统一的，而是在普鲁士的强权下。普鲁士后来打败了法国，大家知道德国跟法国有永远解不开的各种各样的事儿，拿破仑征服过德国的这无数个邦，普鲁士征服了法国，然后德国统一。德国统一，这个世界上第一次有了一个国家叫德国，这个仪式是在哪儿举行的大家知道吗？是在法国的凡尔赛宫。因为普鲁士打败了法国，特别光荣地到了巴黎，在巴黎大家签署了协议，这数百个邦一起建立了一个统一的叫作德国的国家。所以这跟拿破仑有很大的关系，但是当时成立的德国的国旗不是这三个颜色，而是黑白红。因为普鲁士是黑白旗，汉萨同盟的旗帜是红白旗，那把这两个拼在一起就是红白黑旗。红白黑后来成了德国历史上的耻辱，因为德国打着这个旗帜，打输了两次世界大战，尤其是在第二次世界大战的时候，红白黑旗帜的图案变了，变成大家最熟悉最熟悉的纳粹那个卐字旗。那个旗帜在二战后就不能再用了，所以德国这个红白黑没有了，变成了黑红黄。

基本上欧洲国家的国旗就是由这两个系列组成，一个叫"上帝的归上帝"，就是十字旗；一个叫"拿破仑的归拿破仑"，就是三色旗。欧洲的三色旗基本上分成了红白蓝、红白绿、红黄黑这三个系列。当然也有其他的很怪的颜色，像罗马尼亚旗（红黄蓝）。还有一种叫"城头变换大王旗"，就是有一些国家，比如说西班牙、葡萄牙，还有一些小国，因为自己有国王，国王都有王旗、王徽，就把王室的徽章贴到旗帜上头了。但是这样的国旗很少，欧洲绝大多数国家的旗帜就是这两种旗。大家以后看到这几种旗，尤其是这几种颜色搭配的旗，基本上就可以断定是欧洲的旗帜。

欧洲的国旗为什么看起来特别一样，而亚洲的看起来很不一样？不光是欧洲人喜欢互相结婚变成一家子，全欧洲宫廷几乎是一家人，还有一个重要原因是欧洲的面积太小，中间又没有大山大河阻隔，像中国跟外国之间，这边隔着喜马拉雅山，那边隔着海，这边隔着茫茫的沙漠戈壁……它自然就分成了跟你隔绝、跟你不一样的文化。欧洲面积有多小呢？到现在，欧盟已经扩充成28国，大家知道欧盟28国GDP世界第一，以17万亿美元的GDP超过美国，远超过中国。我们中国960万平方公里，但整个欧盟28国总共面积才400万平方公里，就这么大点，再把没加入欧盟的剩下几个国家重新拼起来，像现在已经残破了的乌克兰、白俄罗斯以及目前等着加入的塞尔维亚等，除了俄罗斯以外全部的国家都加到一起，面积也就500万平方公里，刚刚超过中国的一半，所以欧洲就这么小一块地，诞生了这么多国家，而且足球踢得这么好。这相当于中国每个省出一支球队，相当于全运会。

所以欧洲有很小的面积、密集的人口、互相交流的文化、上流社会整个宫廷互相通婚、下面的民族语言也非常像，英语、法语、德语、西班牙语等这些语言其实非常像，拿着法语报纸看，每隔两三个词你就能看懂一词，拿着西班牙语报纸看，你也能看懂点。尤其西班牙语跟意大利语，如果拿报纸看几乎差不多，只是用法不太一样，说的时候有严重的口音不同，有点像普通话跟粤语。而葡萄牙语跟西班牙语几乎就能互相听得懂。欧洲只有极少数国家的字母跟大家不太一样，最多不超过三个，绝大多数的国家语言，包括我说的英语、法语、德语、西班牙语、葡萄牙语等，其实它们都是一个语系的，所以它们是一个完整的社会，今天成立一个欧盟团结起来是太应该了。而其他地方，像亚洲，让大家团结起来太不容易。而且欧洲不但自己团结起来了，它们还曾经深刻地影响过我们这个世界，这在今天这个世界杯上还能清楚地看出来，从刚才说的九个国家说西班牙语、六个国家说法语、六个国家说英语就能看出来，这也是我们接下来要讲的，除了欧洲以外的那些国家的国旗，以及它们之间有意思的恩怨情仇的历史。

**Q**：在海外对华人最友好的国家是哪里？在哪里觉得最受排挤？

**A**：这个问题以后有机会展开讲，我今天只说我个人的观感跟答案。我去过那么多国家，我觉得对华人最友好的国家是新加坡、美国、泰国，大家只要看到华人在这些国家当到什么位置的官员就可以知道了：在新加坡，华人可以当到总理；在泰国可以当到总理，像泰国连续的总理他信、英拉都是华人；在美国可以当到部长、州长、警察局长；等等。这些国家对华人是非常友好的。而我感觉俄罗斯、蒙古，可能还包括一两个苏联加盟共和国，对华人非常不友好。其实，虽然东南亚经常掀起排华浪潮，但是他们是一阵一阵的，大部分时候对华人也还算友好，包括越南、印度尼西亚、马来西亚、菲律宾等等。但是在那些国家，你可以看到华人在那里做生意的艰苦以及备受欺凌、被警察抢劫等，甚至在那么大一个俄罗斯，连唐人街都没建起来，所以这个是我觉得很不友好的地方。当然具体的等有机会的时候再给大家来讲。

**Q**：现代诗最欣赏哪位诗人的作品？以后会不会讲一讲民国到现在中国文学的变化？

**A**：其实我自己就有变化，我觉得一个人很少从年轻的时候就知道自己最喜欢的作品是什么。我年轻的时候最喜欢顾城，到现在我最喜欢的人可能顾城还算，但是加上了一个海子，因为我年轻的时候喜欢轻灵的作品，年长了以后才会慢慢喜欢一些有重量的作品。讲文学史我可不敢，其实讲历史我也不敢，大家看到我从来没有系统地讲过历史。系统讲历史、讲文学史都是大学教授干的，我只是讲我感兴趣的点或者剖面的历史，以及我喜欢的文学流派、类型或者是我喜欢的一些文学的点，当然我有机会会讲。

# 第二章

# "旗"妙物语世界杯②

## 黑非洲殖民泪

非洲的历史，实际上应该严格地割裂成两部分，非洲历史不像其他大洲的历史那样可以一起讲，北非的历史完全就跟欧洲历史是同步走的，北非在罗马帝国之前，迦太基时代，甚至比欧洲还要发达。》

　　我们上次讲的是近代或者现代世界的源头。讲近现代世界，我们无论如何也得从欧洲开始讲，因为无论如何不能从中国开始讲，也不能从阿拉伯世界开始讲，所以我们上次讲了欧洲。

　　接下来我们就要讲由欧洲影响的整个近现代世界的格局，我们还是讲世界杯这 32 国里，受欧洲影响最大的，或者叫塑造出来的美洲跟非洲。关于非洲大家看过各种各样的殖民血泪史、黑奴血泪史等等。我说每个大洲时都总结了两句话，欧洲我总结了一下，叫"上帝的归上帝，拿破仑的归拿破仑"。非洲我总结了两句话，注意版权所有，叫"星月向北，五色向南"，为什么这么讲呢？这非洲好倒霉，被殖民得一塌糊涂。非洲当时独立的国家只有埃塞俄比亚、南非和利比里亚，而且埃塞俄比亚后来还

» 布尔战争时期
被俘的丘吉尔

被一个叫意大利的讨厌的国家打来打去。

非洲是这样的，中间这么大的地方都是黑非洲[1]，其实南非也是黑非洲，黑人占了绝大部分。北非这块，撒哈拉沙漠以北是阿拉伯人。南非是当时非洲的光荣，南非最开始能独立，其实是因为在南非的荷兰人后裔，那些白人，后来他们不管自己叫荷兰人，他们叫布尔人[2]，布尔人最后奋斗获得了独立。英国为了不让他们独立，还爆发了著名的布尔战争。大量参加过一战的英国军人，都是先参加过布尔战争的，其中包括了丘吉尔，有一张照片就叫《布尔战争时期被俘的丘吉尔》。大家会看到，后来长得比我还要邪乎的、英格兰大牛狗似的丘吉尔，在布尔战争期间英姿飒爽，瘦成一道闪电，帅极了。丘吉尔被俘了，布尔族、白人最后获得了独立。

西非有一个小的独立国家利比里亚，这个独立国家也很值得纪念。它的国旗是星条旗。这个我们讲美国时要讲到，星条旗影响了很多国家。之前讲过，十字旗影响很多国家、三色旗影响很多国家。美国的星条旗代表了世界

---

[1] 即撒哈拉沙漠以南的非洲。

[2] 现已基本不用"布尔人"一名，改称阿非利卡人(Afrikaaner)。

上最开始最开始的自由平等、联邦制，所以影响了很多国家。其中利比里亚这个国家很有意思，这个国家就是由美国的解放黑奴创建的。美国其实几乎没有出去殖过民，美国要不就抢来归自己了，像墨西哥原来的那些地方，要不然就归你，我卖东西也行，美国很少像英国、法国那样出去占领一堆殖民地、派两个总督。大概只有少数几个地方，菲律宾是从西班牙手里抢过来的，还有古巴、波多黎各等。

所以利比里亚这个地方不是美国的殖民地，它是个独立国家，美国解放黑奴以后，黑奴们自己要回家乡，可是不知道自己的故乡在哪里。我觉得听起来挺伤感的，我们是从非洲来的，我们是 African-American（非裔美国人），我们回故乡，回到非洲不知道自己到底是非洲什么地方的人。于是大家就一起到了这个地方，叫利比里亚，一起建立了这个国家，而且这个国家的一切体制都模仿美国，其实美国是他们的祖国，但是他们又是黑人，所以他们打起了星条旗，只是没有美国那么多的星星跟条，就这样建起了一个模仿美国，但是由美国解放黑奴建立的国家。

这个国家在今天的世界有一个地方是完全可以说的。大家今天看全世界注册商船数吨位最多的是利比里亚，大家觉得好奇怪。这是为什么呢？其实都是美国商船，只不过美国商船不愿意挂美国旗，一挂美国旗就得遵守美国法律，就得雇美国人，由美国工会折腾，成本很高。那就挂方便旗，方便旗就是有一些国家说你来我这个国家注册吧，你挂我旗，你就不用非得雇美国船员了，你雇哪国船员都行，菲律宾的、中国的等都可以。于是大家就去挂方便旗，其中大部分的美国船，就都挂的是利比里亚方便旗，这与他们之间的渊源、跟美国有很多感情是有很大关系的。当然还有两个国家方便旗卖得最多，大家看到航行在海上的船，挂新加坡跟巴拿马这两个国家的旗是最多的，其实船都是全世界各地的，包括中国的商船，大量的也是要挂方便旗，因为很多地方你更方便一些，中国商船也经常挂新加坡旗、巴拿马旗等等。

所以可怜的非洲就这么三个独立的国家，剩下的就全是殖民地。其中最多的是法国殖民地，你说这个法国是厉害呢，还是不厉害呢？你要是厉害，你应该把全世界最富的地方都占了，它倒是努力去占过美国，法国最开始沿着密西西比河探险到美国，想去占领，等到征服了整个美洲的西班牙大举攻来的时候，发现印第安人里有些文着身、刺着面、"吼吼吼"叫的人会说拉丁语，就是那些法国人。法国人没能征服印第安人，倒被印第安人征服了。美洲最后被西班牙征服了，印度也被英国人征服了。

最后都什么地方被法国征服了呢？在地图上，别看地方大，但都很穷很穷，这块地方如果跟一个卫星云图合在一起，就会看到全是撒哈拉沙漠，整个撒哈拉沙漠几乎就跟这重合，法国就把这块地占了。亚洲那么多被英国占的地方，法国占了亚洲什么地方呢？印度支那是趁乱占的，趁旁边中国最弱的时候，把越南、老挝、柬埔寨占了，以及占了南太平洋一些小岛，大的岛还不是法国的，菲律宾是西班牙的，夏威夷也不是法国的，但有什么岛是法国的？塔希提。大家会想到高更大师跑到塔希提去画画，那地方是法国占的。法国只有拿破仑时代比较能打，所以法国殖民地占得最大，但都是非洲很穷很穷的地方。

英国的殖民地虽然不是很大，但是是非洲相当好的地方，首先好的地方就是埃及，这个埃及把守着苏伊士运河——三大洲最要害的要冲，这是英国的地方。然后是尼日利亚，目前刚刚超过南非，现在大概是非洲最富的国家，就是因为有石油。虽然经济上很强，但是它实际上是一个很乱的国家，大家现在一天到晚在电视上看见尼日利亚，2014 年 4 月，尼日利亚武装分子绑架 276 名女生，并将多名女生低价卖掉，这个事儿大家在新闻上都能看到，我就不多说了，这是这个国家的耻辱。今天所有电视台，比如美国的电视台，他们都不说这些遇害的人是尼日利亚的姑娘，都说是"我们的姑娘"，说他们本国的恐怖组织绑架了我们的姑娘。

尼日利亚这个国家从独立之后，一直在反复循环，要么独裁，就是所有钱都归独裁者，全国人民恨独裁者，要么稍微一不独裁，就是种族仇杀。独裁还好一点，因为有一个独裁者能压住大家。尼日利亚是分了好几种语言、有着很多不同种族的国家，这个国家就处在这样一个循环里，好在这个国家有大量的石油撑着，可以成为一个富国。

尼日利亚有一个瑙莱坞，大家一听到这个瑙莱坞，就想到，这肯定又是一个电影中心，确实是，全非洲最大的电影中心、全世界第二大电影中心，就是这个地方。全世界第一大电影中心是好莱坞，第二大电影中心既不是北京这么多电影公司，也不是印度的宝莱坞，说到宝莱坞，为什么叫宝莱坞？因为孟买当年在英国殖民的时候叫 Bombay，把第一个字母 B 拿出来，放在好莱坞（Hollywood）的第一个字母上，就叫宝莱坞（Bollywood）。所以尼日利亚（Nigeria）的电影中心就叫瑙莱坞，听起来有点儿怪怪的。但是生产的电影产量之大难以想象，我也没去过，有机会一定要去瑙莱坞学习学习。

接下来讲讲阿尔及利亚，大家去阿尔及利亚一看，就知道它不是个黑人国家。实际上，整个北非都不是黑人国家，你看看阿尔及利亚的隔壁利比

>> 埃及艳后和恺撒会面的场景。
让－里奥·杰洛姆所绘

>> 安东尼和埃及艳后，由劳伦斯·阿
尔玛－塔德玛所绘

亚的人长啥样、卡扎菲长啥样、埃及人长啥样。北非都是阿拉伯人、穆斯林，所以讲到这我要说的是，为什么说"星月向北，五色向南"，有一部分原因跟殖民地有关，还有一部分原因跟整个的宗教传统有关，或者跟整个历史有关。

非洲的历史，实际上应该严格地割裂成两部分，非洲历史不像其他大洲的历史那样可以一起讲，北非的历史完全就跟欧洲历史是同步走的，北非在罗马帝国之前，迦太基时代，甚至比欧洲还要发达。罗马帝国时代，整个环地中海的地区都是罗马帝国的，地中海是罗马的内海，整个北非各方面发达程度跟欧洲是同步的。而且，大家还知道埃及艳后，她直接跟恺撒睡觉了，睡完了恺撒睡安东尼，罗马就为了埃及艳后这个姑娘还分裂了，然后打来打去，最后衰落了，变成东罗马帝国，东罗马帝国"东"在哪儿啊？只是在欧洲"东"了，它只是在欧洲向东移了，但是北非还全是它的，所以北非的历史是紧跟欧洲历史，一直是同步的。

紧接着就是 1453 年，著名的奥斯曼土耳其帝国攻陷君士坦丁堡，这是整个欧洲历史的分水岭，同时也是北非历史的分水岭，因为君士坦丁堡被攻陷了，整个伊斯兰世界进入到了最高潮，就是当时西班牙被占领了，君士坦丁堡也被占领了，东罗马帝国被灭掉了，整个北非都被奥斯曼土耳其占领，完全成为了伊斯兰世界。所以整个北非的旗帜就可以总结为"星月向北"。

稍微跟大家解释一下，很多人会认为，星月就是伊斯兰国家的标志，其实不是，应该是个充分必要条件的关系，有星月的，当然是伊斯兰国家，但并不是伊斯兰国家都有星月。主要在奥斯曼土耳其统治下的这一大片伊斯兰地区，后来成为独立国家的，是用星月旗，包括土耳其自己。

19 世纪全世界的主旋律就是暴揍三个老帝国，中华老帝国、西班牙老帝国，以及土耳其老帝国。西班牙老帝国，这个咱们未来讲，整个 19 世纪，西班牙被拿破仑打败，揍完了以后就生出这么多国家来，整个美洲都是；奥斯曼土耳其在整个 19 世纪被暴揍，从那么大一个帝国，到一战以后成了一个特别特别小的国家。

这也是土耳其足球队坚决不参加亚洲联赛，就要参加欧洲联赛的原因，这导致它没法来参加世界杯，结果这届世界杯的星月旗代表变成了阿尔及利亚。大家看地图都特别奇怪，说土耳其不止 90% 的国土都在亚洲，首都安卡拉都在亚洲，只有伊斯坦布尔，相当于它的上海，这么一个桥头堡在欧洲，为什么不参加亚洲联赛呢？人家说了，我从前占了欧洲那么大一块地，今天大家看到的东欧、东南欧、整个巴尔干半岛的所有国家，包括希腊，都是奥斯曼土耳其的地方，希腊也是在19世纪，在打奥斯曼土耳其的时候才独立。希腊文明实际上是断开了千年，自从被罗马灭掉，一直到最后归了东罗马，归了奥斯曼土耳其，始终没有成为一个独立的国家。一直到19世纪上半叶，希腊独立了，这个国家才传承下来。说到奥斯曼土耳其曾经占领的地方，来参加世界杯的可不止阿尔及利亚和希腊，还有克罗地亚和波黑，克罗地亚和波黑就属于巴尔干半岛国家，所以奥斯曼土耳其这届有四个队来参加世界杯，唯独这个本尊土耳其自己没来。

当然在世界历史上，每个洲都有大量的原来是一个国家，后来分成了几个国家的情况，尤其是拉美国家是非常明显的，当然欧洲也有，就比如克罗地亚跟波黑，这个大家都知道，天天看他们打仗的新闻，这原来都是属于南斯拉夫的国家。其实原来南斯拉夫里面，最能踢球的是塞尔维亚，然后是克罗地亚，当然克罗地亚曾经取得过最好成绩，打进过世界杯前四名，但是居然波黑也可以来了，可见南斯拉夫是一个体育多么强大的国家。南斯拉夫算是欧洲极少的，或者是唯一的三大球都在世界上特别强的国家。南斯拉夫时代，篮球很强，排球也很强，足球也很强。

从奥斯曼土耳其统治下独立出来的国家，差不多都打星月旗。阿尔及利亚就是其中一个，阿尔及利亚后来又成了法国的殖民地。对喜欢历史的人来说，你问他阿尔及利亚是谁的，他首先想到的是法国，而不是奥斯曼土耳其，为什么呢？因为在文学作品、电影故事里有大量的阿尔及利亚独立的英雄故事。有关阿尔及利亚的历史，是法国历史上很沉痛的一段，就是为了不让阿尔及利亚独立，法国跟阿尔及利亚打得血流成河，最后阿尔及利亚怎么独立的？是全体法国人民公投。大家最近老听到公投，那么什么样的公投最合理？我觉得就是由全体法国人民来公投，决定阿尔及利亚该不该独立。

阿尔及利亚人民通过奋斗，就是说你只要不让我独立，我就跟你拼，直到把你最后一滴血流干，所以法国人民去公投的时候就想，我如果不让它独立，那我就得参军了，我参军就得流血，后来一想算了，咱还是让它独立吧，所以全法国公投，同意阿尔及利亚独立。

阿尔及利亚通过奋斗获得独立，但是独立以后问题又来了，每一块土地上的人民都是这样，用脚投票，选择自己生活的权利。就像中国人民有权移民到美国，法国人民有权移民到阿尔及利亚。阿尔及利亚生长的法国人，也有权利说我是法国人，你阿尔及利亚独立了，我就不喜欢这个国家了，因为我觉得我是法国人，原来阿尔及利亚是法国的，我生活在这儿，阿尔及利亚独立了，那我就回法国了。

于是阿尔及利亚独立以后，大量的法国白人，而不是阿尔及利亚土生的那些阿拉伯的白人或者是很多混血，就回到了法国，他们觉得自己的祖国是法国。包括伟大的作家加缪也是从北非回去的，他们都被叫作"黑脚"。为什么叫黑脚？就是对他们的歧视，你虽然跟法国人一模一样，你是个白人，你是个法国人，但是你是阿尔及利亚生的，你是北非生的，你北非生的就不行，北非不光阿尔及利亚一个国家，还有摩洛哥，大家看过著名的电影《卡萨布兰卡》，大家看《卡萨布兰卡》就知道那个地方是说法语的。从北非来的就叫黑脚，因为是生在非洲的土地上，所以在法国，他们这些人备受歧视。

当然这些黑脚很争气，不光是有大文学家加缪，而且还有法国足球队里最最重要的主力们，其中法国足球皇帝齐达内就是个黑脚，齐达内就不是法国原生的法国人，他就是从阿尔及利亚回来的法国人。总而言之，阿尔及利亚代表了星月旗的北非来参加这届世界杯。

但是不是在奥斯曼土耳其统治下的，尤其是阿拉伯世界最早发源的地方，比如说阿拉伯半岛、阿联酋、沙特阿拉伯、伊朗等国家并不是星月旗。伊朗虽然不是阿拉伯人，但是是伊斯兰教的重大的一支，它是代表亚洲来的，大家看伊朗国旗就不是星月旗，这些旗帜是怎么回事呢？我们唐朝的时候，就已经知道他们的国旗是什么颜色的了，虽然那个时候没有国旗。唐朝管整个伊斯兰世界叫什么呢？叫作黑衣大食、绿衣大食、白衣大食。大家看唐朝有记载，说这个哥们大食国来的。离中国近的部分叫黑衣大食，穿黑衣服；再远一点，叫绿衣大食。为什么大家看到整个这些阿拉伯国家的旗帜都是绿色的，有星月的也有绿色，没星月的也有绿色？绿色是阿拉伯国家、伊斯兰国家最重要的颜色之一，因为这些国家大量是在沙漠里，在沙漠里绿洲是非常重要的。所以绿代表了他们生存的希望，就像沿海国家的国旗都有蓝色一样，一看到蓝色，就是大海天空。绿衣大食指的就是差不多近东北非的这一块；然后是白衣大食。

下面就讲到"五色向南"，为什么"五色向南"呢？因为非洲国家大量的是被欧洲国家殖民统治，其实英国国旗，他们那个所谓的 Union Jack 米字旗也是红蓝白三个十字旗拼起来的，英国旗、法国旗、俄国旗都是这三个颜色，所以三色旗也统治着整个非洲，后来非洲独立了以后，觉得好像欧洲有一些东西还是挺好的，就用这三种颜色挺好，所以大量独立的国家，也用三色旗，或者叫三条旗，不管是竖着排三条，还是横着排三条。但是我要体现我自己的特色，我要和你不一样，你是红蓝白，那我就再选三个颜色，所以黑非洲特别有代表性、重要的三个颜色,就是红黄绿。红黄绿旗基本上不是欧洲国家的。大家看完以后,一定可以跟人吹去了,说一看国旗就知道是哪儿的国家,这三个颜色的国旗基本上就是非洲国家。非洲几乎没有欧洲的红蓝白,或者红白绿,即使是有,也会把某个颜色换成另外的颜色,比如会把红色变成橙色。红白蓝绿都是正色,正色三色旗基本上都是欧洲旗,当大家看到不是正色的三色旗,就知道是非洲的。所谓"五色向南",就是这三色之外,再加上黑白,因为大量的非洲旗帜上是有黑色和白色的,所以叫"星月向北,五色向南",这就是非洲旗帜的颜色。

下面继续讲非洲这几个国家,喀麦隆大家都比较了解,其实最早是德国的殖民地。因为一战一开,德国在全世界的殖民地都被协约国打了,包括德国在中国青岛的租借地是被日本抢走的。那些战争说起来都特别好玩儿,英法在非洲的殖民地,出兵去打德国在非洲的殖民地,所以为什么叫世界大战呢。但是欧洲是百万大军对战,在非洲的殖民地之间,叫一百大军对战,就是从英法殖民地出动100人,德国殖民地出动60多人,两边打一通,打输了,德国殖民地被英法占领了,所以喀麦隆后来说英语和法语。

再讲讲科特迪瓦和加纳这两个国家,科特迪瓦以前叫象牙海岸,加纳以前叫黄金海岸。很多国家独立了以后,不愿意用殖民时代的名字,包括提起汉城,韩国人就觉得好像是你们中国欺负我们的时候的名字,我们要改名首尔,大家都改名,所以黄金海岸改名叫了加纳。在地图上,这两个国家是挨着的,实际上,喀麦隆、尼日利亚、科特迪瓦和加纳这四个国家都几乎是挨着的。这说明非洲的足球特别集中在两个地区,大家看非洲足球,参加世界杯的国家，基本上集中在北非的几个国家，比如说突尼斯曾经踢得还不错，阿尔及利亚曾经踢得还不错，埃及有个别时候踢得还不错。但是更重要的是集中在沿着几内亚湾的西非，西非的经济还算比较发达，因为这不是沙漠，西非有大河、有森林。所以这四个踢得好的国家几乎都集中在西非这一带。喀麦隆已经参加了七届世界杯了，科特迪瓦已经成了欧洲足球联赛的输血地，大量的大腕来自这里，包括大家最熟悉的德罗巴等等。

我觉得很有意思的是，加纳是跟咱们中国很有联系的一个国家，大家可能问，这个黄金海岸加纳跟咱们有什么联系？就是因为它叫黄金海岸，自然就跟我们有联系。我们华人有一个本事，就是听到世界上哪里有金子，立刻就 Gold Rush（淘金热），就冲向那个地方，所以旧金山有金子的时候就旧金山，澳大利亚新金山有金子的时候就去新金山，新金山就是墨尔本，新西兰有金子的时候就去新西兰。更别说这个世界上一个国家的名字就叫黄金海岸，你想你起这个名字，不就是用来吸引我们中国人的吗？所以自然而然，中国人民一听到黄金海岸，就冲过去了。

如果大家现在到加纳去，都会生活得非常幸福，不但有大量的唐人街，中国菜都做得特别好，而且还有大量的中国夜总会。一个夜总会有 100 多个很美很美的中国服务员，在里面按摩什么的等等，一切的一切，生活得好极了。但是她们一张嘴说话，全听不懂，因为她们来自一个很遥远的地方——广西上林，广西上林人的语言我们当然听不懂了，人家是壮族人，讲的是壮语。据他们自己统计，差不多有三五万人常住在这里，有的发了财就回去了，有的听回来的人说能发财还去。大批的广西上林人在那里淘金，而且他们发明了一种非常高效的淘金方法。

那里之所以叫黄金海岸，是因为它有矿金，不是光在水里淘沙金，水里淘沙金是一种很复杂的工艺，这个手艺不好淘不出来。原来英国人在这儿的时候，就是能够直接从矿里淘出来一个大金疙瘩来，就跟当时旧金山那个金山一样。英国人把金都开完了，国家一独立就走了，但是后来中国人去了发现河里有沙金。

加纳人首先是比较懒，其次又没有好的工艺，中国人自己带去了一套非常先进的东西，用自己买的器材，又做了改装，有点像《绝命毒师》里的那样，自己能改装一套仪器，所以就能非常高效地淘出沙里的金子，每天每个矿点至少能淘出一两百克。100克就是二两金子，200克就是四两金子。别说一天四两金子了，就是四两银子咱都乐死了。一天来四两金子就疯了，所以数万上林人来到这里，在这儿淘金。

当年西非海岸就是因为战争频仍，所以才成为出售黑奴的最大地区。这些地区是丛林地带，不像沙漠地带，这里的部落特别多。当他们打仗的时候，抓起你来，你就是战俘，就把你当黑奴卖掉了。在这儿稍微澄清一件事儿，实际上，并不像很多历史书里写的说，白人跑到非洲来抓黑奴，抓完了以后，就运回美国给卖了，其实不是这样的。其实是黑人在非洲抓黑奴，白人把船停在海上等着。当然白人是罪恶的，因为没有需求，就没有杀害，你不去贩卖黑奴，他们就不会去抓黑奴。但是真正去抓黑奴的都是西非的这些黑人。部落之间战争，只要打败了，全部落都罚没成奴，然后就被带到海上卖给白人，白人再拉回美国或者是拉美去卖，基本上是这种情况。所以这里的黑人特别好战。

但是我们中国人四海漂流，有极强的生存能力，你这里有病，我们抗病，你这里有坏蛋，我们拿枪。就像歌里唱的："朋友来了有好酒，若是那豺狼来了，迎接它的有猎枪。"上林人就特别英勇，到了这里一淘到金，就开始有强盗来抢、杀人等，确实死在这里的有不少人，他们开始就雇佣当地的人，到目前为止，我们的广西上林人、我们的壮族同胞，在加纳这个地方已经建起了拥有上万支枪的武装，强大的武装掌握在我们中国人手里。在这里，中国人形成了自己强大的社区、强大的武装，在这里开矿淘金等等。

当我看到他们的采访时，我还挺感动的，他们说："我们也没带家眷来，就在这儿奋斗。"这是中国移民跟各国移民都不一样的地方，其他国家也是，比如我去美国或澳大利亚，我就全家都去了。中国人总是，我把家眷留在故乡，然后我去奋斗，奋斗完了，我再回家。所以很多地方排华跟这个有很大的关系，就是你不爱这块土地，你就想淘金子，把我们这儿挖烂了，你就回去了。

大部分的中国人，是不愿意最后终身留在这儿的，除了少数娶了当地人的。这里大部分的中国人都说，我在这儿差不多几年下来，少的也能赚1000万，将来我还是会回到广西，我到南宁去开个小茶馆，然后卖卖我的茶，这才是我的梦想，偶尔给大家讲讲，当年我拿着 AK47 在加纳淘金的生活。这有点像"事了拂衣去，深藏身与名"的感觉，属于那种侠客级别的。

在黄金海岸有中国人淘金，在象牙海岸当然没有中国人在那掰象牙，象牙海岸也没象牙，而且现在是犯法的事儿，咱们也不能干了。这象牙海岸也有中国人，中国人在那干什么呢？讲起来也是比较伤感。

法国要维持这么大一块殖民地，怎么维持呢？不能光靠法国自己的军队来维持，所以法国组建了著名的外籍军团，外籍军团就是雇佣军。殖民地独立了以后，殖民地跟宗主国之间的关系是这样的：如果是特牛的殖民地，那我独立以后，离你越远越好，你最好别管我，跟你没关系，就比如美国，你不让我独立，我把你打跑，英国你别管我，我还要管管你呢！

再比如澳大利亚、新西兰，我们以后要讲到的，我的国旗上还有一块你的 Union Jack，就是米字旗，但是你也不能管我，因为我是很牛很牛的国家，我独立了。但不是所有的国家被殖民都是痛苦的历史，或者独立了以后就繁荣富强了。还有很多国家独立了以后还没有那时候好呢，为什么呢？因为那时候它可能只是在比如整个一个法属的大体系下提供原料的，或者只是一个单一的生产形态，所以它独立了以后就非常地惨，它没办法生活，自己又没有形成强大的政治体制。

很多国家独立了以后更穷，反而更依赖这个宗主国，说你别走，我虽然政治上独立了，但是经济上依赖你，军事上依赖你，各方面都依赖你。其中最重要的就是法国这些很穷很穷的北非、西非殖民地，这些非洲穷国的法属殖民地依赖法国到什么地步？就差找一个在法国生、法国长的人来当总统了，大量的也是傀儡。

法属殖民地这些国家都挨着，不像英国的是分着的，这些挨着的法属国家互相之间有航班的都很少，从这个国家飞到那个国家要怎么飞呢？要先飞到巴黎再飞，因为每个国家跟巴黎都有好多航班，但互相之间倒没有，可见这些国家对法国的依赖程度有多么高。

大家经常看到新闻里说，马里出事儿了，马里很穷，谁去管呢？法国去管，法国派谁去管呢？派外籍军团去管。然后乍得出事儿了，乍得出事儿怎么办呢？乍得原来是法国殖民地，所以法国派外籍军团去乍得，这就是 2013 年的新闻，如果大家关注新闻的话就会知道。然后中非共和国出事儿了，又是法国殖民地，法国管……国际上虽然有法则，但总得有人执法、有人来管，在整个国际秩序里，这世界上的事儿由谁来管，大概也是一直保持着这么一个默契，就是这个地方原来是谁的殖民地，或者是在谁的影响势力范围内，这个地方就归谁管，谁都不管的地方美国去管，基本上就是这样。当然冷战时期是苏联管一半，美国管一半，正常情况下，就是英国管原来的英国殖民地，法国管原来的法国殖民地，美国后院出了事儿，比如拉美等，美国来管，基本上世界是这么来分配的。

法国是靠外籍军团管，外籍军团的工资还可以，除了工资以外最重要的是，你只要在外籍军团服役五年，就可以加入法国国籍，所以全世界有大批的退伍军人加入法国外籍军团，尤其是东欧和中国的退伍军人，他们能战斗，像东欧那些国家，苏联解体后，大量的苏联加盟共和国的那些军队就裁军了，那军人怎么办？得生活啊，那些特别特别能干的，就去黑水公司，一年挣 17 万美元，那去不了的怎么办？就加入外籍军团，外籍军团一年也能挣个几万美元，而且五年后能加入法国籍，那就去了。我们这儿也是，不光是退伍军人去，还有大量的有海外漂流传统的人。

中国什么地方的人最有海外漂流传统？下南洋的是我们的福建、广东人，而在欧洲落地生根的中国移民最多的是温州人，在欧洲你说温州话其实比说普通话还管用。我在法国的时候，就发现我们的温州兄弟甚至垄断了法国的广场卖花业，我在意大利的时候，人家告诉我，意大利南部连律师都给黑手党交保护费，唯独我们的温州同胞不交，温州同胞就是勇敢：我拼了命打下来的江山，甚至我偷渡、参加外籍军团出生入死等，今天终于有了饭馆，你要找我收保护费，我就拿手榴弹扔你，所以黑手党也不敢收保护费。在法国的外籍军团里有大量的温州老乡，他们一个是为了生活，一个是为了五年之后拿到法国国籍，就可以在法国开一个餐馆等等。温州人特别勤勉，尤其是喜欢在欧洲。其实在美国看到的中国移民里温州人是不多的，最早开始都是广东人，后来慢慢慢慢各地方的人都有了。

所以我们的退伍老兵、我们的温州兄弟大量参加了法国的外籍军团。当然非常艰苦，因为首先我们中国人是不在他们的语言系统里的，我们不是拉丁语系的民族，不像东欧的人，虽然也有口音，但是至少学法语还快一点，我们本来学法语就慢，再加上温州同胞本身就更加慢一点，所以在整个外籍军团里，语言难以沟通，就有大量的中国人给人炒炒菜，当然也有冲锋在前的，还有当伞兵的等，哪里有危险，就去哪里。外籍军团就是炮灰，哪里有危险外籍军团先去，因为是雇佣军，就得冲在前面。所以也有牺牲的，但他们又不是为国牺牲的，怎么纪念这些人呢？那只能是外籍军团自己兄弟们纪念。除非是外籍军团参加了联合国的蓝盔部队，那个时候牺牲了，我看到是有网上纪念的，我们也有温州兄弟，代表法国外籍军团参加联合国的维和部队，在那里牺牲的，当然是在为法国效力，去殖民地打仗，想起来尸骨不能回故乡，是很伤感的一件事情。最近这十来年，因为温州实在是致富了，参加法国外籍军团的人越来越少了。那什么人越来越多了呢？就是我们的东北兄弟。所以现在在法国外籍军团见到中国人，就不说温州口音了，改说东北话了，"整啥，你哪旮旯来的"。

非洲其实可以讲的有很多很多。我们有机会可以跟大家讲讲整个非洲的有意思的历史，或者叫惨痛的历史，讲讲一直到今天很多地方没有发展起来的原因。很多人说有上帝就会好，其实非洲大部分国家都信上帝，除了北非是伊斯兰国家以外。很多人说民主了就会好，其实非洲大量的国家也已经民主了。还有人说，是不是人种有问题？我觉得完全不是，为什么黑人到了美国，就能当科学家、作家，尤其是明星，甚至连总统都能当呢？在美国，不管是文艺明星，歌星像迈克尔·杰克逊，还是影星、球星等，有大量黑人。同样都是黑人，为什么在非洲的篮球就没打得那么好呢？以后有机会再来跟大家讲非洲，尤其是要去到非洲跟大家讲。

Q：什么样的人去东洋？什么样的人去西洋？什么样的人去南洋？

A：这实际上是我以前在《晓说》节目里曾经讲过的观点，但是我讲的是旧时代。旧时代当然是最贫苦的文盲，以及最贫困的渔民，南方的这些人下南洋，所以下南洋的是文化层次最低的。而家里有钱的、学习好的上西洋，革命的、热血的、冲动的下东洋。但是那是旧时代，今天这个时代，已经不分什么人下东洋，什么人下西洋，什么人下南洋，我觉得凡是心向远方的人去哪里都可以。因为东洋、西洋、南洋都有很好的国家、很好的地方可以生活。

Q：吃过最难吃的食物是什么？是哪里吃到的？

A：食物馊了、坏了什么的不能算，正经认真做出来，你吃完以后，觉得这真是世界上最难吃的东西，是我在苏格兰的爱丁堡吃的，就是罗琳写《哈利·波特》的地方，我经常去，因为那里每年八月有一个 Fringe Festival（边缘艺术节），有机会再给大家讲那个节。我在那里吃到了苏格兰的特产叫 Haggis。那是一种什么吃的呢？是用肥羊肉末和肥土豆泥，余成大肉丸子，再用肥油炸出米的一个大油丸子，在寒冷的苏格兰你吃一口，凉风一吹，那羊油糊一层在嘴上，拿纸擦半天都擦不下去。

》 Haggis

# 第三章

# 世界杯之

## 西班牙折戟拉美

什么叫自由？自由就是每块土地上的人民，有选择自己生活、选择自己国家、选择自己政府、选择自己体制的权利。》》

XIAOSONGPEDIA

我现在坐在圣保罗,这里是无数的背包客、文艺青年、各种各样想去远方的人梦想的地方,到了圣保罗已经很远很远了,基本上属于在中国钻一个洞,穿过整个地心就到这了。所以远方长啥样呢?远方就是现在这样。我背后挂着色彩斑斓的画,整个拉丁美洲都是色彩斑斓的,当然也包括了他们的旗帜,咱们今天就继续来讲。讲完了欧洲跟非洲,今天来讲在足球世界最最强大的、无敌的,尤其这一届世界杯上更加无敌的美洲。这一届整个美洲有十个队进入了世界杯,是有史以来最多的一回,其中东道主巴西不用参加预选赛。这十个国里除了美国,就是今天我要好好跟大家聊的拉丁美洲。

极少数人不知道拉丁美洲意味着什么?年纪稍微大一点的人都知道,我们小时候说"亚非拉人民团结起来"，一说什么就是亚非拉，帝国主义就是美苏、欧洲，亚非拉的这个"拉"说的就是拉丁美洲。美洲除了两个最大的国美国跟加拿大之外，剩下的所有国家几乎都说西班牙语、葡萄牙语，当然也有一些加勒比海的小国说法语和英语，南美洲大陆上有一个小地方叫法属圭亚那、英属圭亚那，说法语、英语，但是太小了，可以忽略不计，百慕大也可以忽略不计，百慕大说英语，整个这片大大的大陆，从美国的南部边境延伸到最南端的火地岛，都是拉丁美洲。

今天先来跟大家讲讲说西班牙语的美洲，其实就是前西属美洲。南美大陆北边好几个国家的国旗长得几乎一模一样，都是黄的、红的、蓝的这三个颜色。有三个国家挺大，哥伦比亚、委内瑞拉和厄瓜多尔，其中有两个都已经进入世界杯了，这两个进了世界杯的国家哥伦比亚和厄瓜多尔的国旗很难分清楚。再往南边一看，也有两个国家旗帜很像，阿根廷和乌拉圭，也都进了世界杯了。所以这届世界杯上，有的国旗我自己也分不清楚，因为实在是太像了。中美洲这几个小国，也有很多旗帜很像，这是为什么呢？最开始他们都是一大家子，都是西班牙殖民地，具体讲实际上分成两大块殖民地，因为西班牙殖民地实在是太大了，整个大陆恨不能都是西班牙殖民地，它管不过来了所以分成两个，一个包括了现在整个墨西哥、现在美国西南的一大块、中美洲、巴拿马以北这么一大块地方，叫作新西班牙总督区，首都在墨西哥城。墨西哥城今天也是世界上人口最多的城市之一，大概排前两名，跟东京差不多，我们现在所在的圣保罗大概是排第三，还排墨西哥城后面。在美国独立的时候，大家都觉得纽约、波士顿好厉害，这两个城市在美国已经算最大的了，当时能排在第几呢？要排在墨西哥城、利马、哈瓦那之后。利马这个地方今天很多人都不知道在哪，利马就是现在秘鲁的首都，其实现在大部分拉美国家很少站上国际舞台，所以大家都快把这个国家淡忘了。

另外一个就是除了巴西以外，从巴拿马往南的整个南美洲大陆，都叫秘鲁总督区，当然这么说不太严谨，因为顶上还有一个小地方叫圭亚那，不是西班牙的，还分成了荷属圭亚那、英属圭亚那、法属圭亚那。为了方便，我就不每次都提到这个小地方了。由此大家可见利马是多么多么重要的一个城市。在当时叫上秘鲁、后来叫玻利维亚的地方有世界上最大的银矿，我讲大航海的时候讲到过，美洲的白银怎么出口，怎么冲击中国的白银市场，中国为什么闭关锁国等等。后来美洲不光是有白银了，其他的东西也开始发展起来了：阿根廷的大草原养出了羊，北边发现了很多矿产，后来有石油……

秘鲁总督区又分出了两个总督区，这就是我要开始跟大家讲的，为什么有两块地方旗帜很像。北边形成了一个新的总督区，叫新格拉纳达总督区，后来南美洲独立了以后，分成了一个巨型的大国家叫大哥伦比亚，包括了哥伦比亚、委内瑞拉、厄瓜多尔、巴拿马这四个国家。然后在南边，大家看阿根廷国旗跟乌拉圭国旗长得很像，蓝白条，因为它们也是一个总督区的，叫拉普拉塔总督区。大家知道拉普拉塔河是南美洲南部一条重要的大河，是养育了阿根廷的母亲河。拉普拉塔总督区独立了以后，分出了现在的阿根廷、乌拉圭、相当一部分的巴拉圭、一部分的玻利维亚等，也是一大块地方。南美大陆的北部这一片地方，国旗都是红蓝黄，南边这块一片都是蓝白条。而且关键是双双对对进了世界杯，蓝白条旗帜、红蓝黄旗帜不停地升起。

北边的新格拉纳达总督区和南边的拉普拉塔总督区，诞生了两位迄今为止整个南美洲最最著名的英雄，在南美洲到处都有他们的塑像、纪念碑等，多个国家管他们叫国父，这个荣誉比华盛顿还厉害，华盛顿就一个国家管他叫国父。这两位，一位是咱们中学历史课本学到的，叫西蒙·玻利瓦尔。西蒙·玻利瓦尔不但现在南美洲北部各个国家管他叫国父，而且当时他活着的时候，解放了整个南美洲北部，就是所谓的大哥伦比亚地区。他先后担任了大哥伦比亚的总统、秘鲁的总统。玻利维亚这个国家为什么叫玻利维亚？就是为了纪念西蒙·玻利瓦尔。在玻利维亚、哥伦比亚、厄瓜多尔、巴拿马、秘鲁和委内瑞拉这一片国家，他都是国父。

南边咱不太熟悉，因为咱们历史课本没写，历史课本里为什么没写呢？这个很有意思，我给大家讲另外一个，阿根廷、乌拉圭、智利，包括秘鲁共奉的国父，叫作圣马丁。在南美洲，说起圣马丁，要在名字前面冠以"阿根廷、乌拉圭、智利、秘鲁的解放者"，他解放了整个南美洲南部。

实际上美洲解放，打的真正的硬仗并不多，为什么呢？这巧了，拿破仑替他都给打了，所以大家别看拿破仑就一个小个儿，他横扫欧洲，同时影响了整个美洲，因为拿破仑把西班牙、葡萄牙给灭了，要知道当时整个美洲除了美国是英国的，绝大多数地方的宗主国就都是那两个国家，一个是西属美洲这么大一块，一个是葡萄牙殖民的巴西。拿破仑横扫欧洲，干了好多事儿，其中两件不重要的事儿，就是灭了西班牙和葡萄牙。灭了西班牙后，拿破仑把西班牙国王斐迪南七世叫到巴黎来，直接就给他抓了关起来了。然后拿破仑派了自己的兄弟约瑟夫去当西班牙国王，你想想看，他上西班牙一当国王，整个西属美洲没人管了，西班牙都没了，亡国了，所以整个就没人管了。葡萄牙国王比这个西班牙国王稍微英勇一点，法军冲进来的时候，自己上船跑了，这事咱以后讲巴西的时候再讲，因为葡萄牙是巴西的宗主国。

》拿破仑兄弟约瑟夫，西班牙国王

　　欧洲国王的任命一定要有道理，你可以不是我国人，因为欧洲大量的国家，国王都不是本国人，比如说荷兰人当过英国国王，苏格兰人当过英国国王，德国的后裔当过各国的国王……总之不论谁来当国王，在欧洲要讲究一个贵族身份传统，你是谁的外孙子的孙子的什么什么，你才能当这个国王，你得说出一个道理来。那问题是这拿破仑啥也不是，就是草根出身、屌丝出身，所以没人承认这个约瑟夫国王。

　　西班牙的王位，可是欧洲曾经为之打过很多很多年仗的。那么大的美洲给西班牙带去大量白银使其富强，又开始走向衰落，其中重要的一个原因就是西班牙王位争夺战。从哈布斯堡王朝开始打来打去，后来法国打赢了，又变成波旁王朝，很长一段时间，波旁王朝不光是在法国，在西班牙也是。所以西班牙这么重要的王位被约瑟夫·拿破仑拿走了，大家都不干了。

有这么两种：其中比较忠诚的，就是西班牙最早的殖民地，中美洲，包括墨西哥这一大块，所谓的新西班牙总督区，它们采取了一个什么方法呢？说皇上不在了，我们绝不听非法篡位的拿破仑他哥约瑟夫的，我们自己建立一个君主立宪制，但是要等着皇上出来，我们还属于皇上，只是今天因为你不在了，我们不接受西班牙管了，我们自己管自己，所以在整个中美洲墨西哥这一带，大家采取了这个方式，就是先不独立，等皇上出来再说。

但是其他地方可不干了，因为其他地方这些反对西班牙的英雄，这之前被西班牙镇压，躲在山里、躲在海外、流亡欧洲的各种各样的独立志士早已经斗争了很多年。突然一看拿破仑帮了大忙，宗主国没有了，于是马上回国的回国，从山里钻出来的从山里钻出来，其中山里钻出来的，就是西蒙·玻利瓦尔，回国的就是圣马丁。

西班牙军队都去哪儿了？西班牙军队在和拿破仑打仗，后来被拿破仑绑架了，又去和英国打。大家知道伦敦有一个特大的广场，叫特拉法尔加广场，上面竖着英国海军上将纳尔逊的像，纪念的是什么呢？就是西班牙先是跟英国打拿破仑，被拿破仑灭了以后，又跟着拿破仑打英国。西班牙海军比法国海军强，那个时候西班牙虽然不是无敌舰队了，但是依然很强，两国的海军在特拉法尔加这个地方，被英国伟大的海军英雄纳尔逊打败了，纳尔逊自己也在那场战役里牺牲了。西班牙军队，陆军被拿破仑同志打没了，海军被纳尔逊同志打没了。所以在美洲开始打的时候，真正像阿尔及利亚从法国独立，或者像其他国家独立一样血战到底的，真是很少，因为西班牙在美洲没有什么军队，全跑了。

西蒙·玻利瓦尔其实没打什么仗，就胜利进军波哥大，开始成立了大哥伦比亚。但是西蒙·玻利瓦尔的野心很大，大家看到他们成立的国，一个一个的名字都是仿效美国，因为那个时候，一八〇几年、一八一几年的时候，美国刚刚独立了二三十年，美国是 1775 年开始打，1783 年正式签署合约独立。美国独立极大地振奋了整个美洲大陆的其他人民，所以大家都想着，咱也弄一个美洲，咱也弄一个 United States of South America， 或者是 United States of Latin America，类似这种大东西。所以西蒙·玻利瓦尔解放了整个大哥伦比亚以后，继续南下，准备把整个西属美洲变成一个南边的新的美国，拉丁美国。

这个时候从南边来了一个哥们儿，这个哥们叫圣马丁，圣马丁是美洲独立唯一经过几场血战的，而且不但是血战，还翻山越岭，创下了军史

》伦敦特拉法加广场上的纳尔逊像

》智利位于安第斯山脉西麓，是世界
上地形最狭长的国家

上的很多奇迹。因为在阿根廷跟智利之间，有一条全世界最长的山脉，大家看地图说，智利这个国家怎么长这样，整个一个长条，不是它想成为长条，世界上没有一个国家说，我就想成为一个长条，就瘦成那样。因为它这边过不去了，这边是一道特别特别特别高的山，叫安第斯山脉，安第斯山脉不但高，而且是世界上最长的山脉。长到什么样？大家把地球仪转过来，冲着美洲这西半球看，从最南边我们当年去南极的时候上船这个地儿开始，这已经是安第斯山脉入海了，一直穿过整个美洲，经过南美洲、中美洲，跑哪儿去了呢？大家发现有一个地方叫加勒比，说这儿怎么那么多岛啊？这个岛，那个岛，大岛古巴、小岛巴哈马、百慕大等，其实就是安第斯山脉还没完事儿呢，这个山脉直接杵到海里去了，所有高的地方就是山尖冒出来了，所以加勒比海才有那么多岛。

南美洲很多的问题，都跟它的地理有很大的关系。因为美国真的没有这么一道隔绝的东西，这么高大的山脉，但是南美洲有。所以这条山脉把南美洲分成了沿着太平洋西海岸的一串小长条，秘鲁也瘦、智利也瘦，都因为过不去那个山。智利跟阿根廷之间的这道高山，最后被圣马丁征服了，圣马丁解放了阿根廷以后，率领 5000 精锐部队翻山越岭，翻过 1.2 万英尺高的高山，直接出现在西班牙军队面前，攻克了圣地亚哥，解放了智利。解放智利以后，又经过一场血战，北上秘鲁，解放了秘鲁。

所以圣马丁是一路打过去的，那是真打，而西蒙·玻利瓦尔是贵族出身，其实是一位政治家。美洲有大量生在这里的人其实是纯种的西班牙人，但是他们的独立热情比美洲本土人还要大，西蒙·玻利瓦尔就是这种人。圣马丁纯粹是一个职业军人，怀着对祖国的热爱，一定要解放，但其实他没有想过要干什么，唯一想到的就是崇拜一下华盛顿。在所有南美这些英雄的心目中，有两个大偶像，一个是华盛顿，率领北美人民，率先打败了当时比西班牙强大得多的英国，获得了独立。另一个是打遍欧洲无敌手的拿破仑。

现在委内瑞拉的货币叫玻利瓦尔，这个挺逗的，现在到委内瑞拉，说多少钱？五玻利瓦尔。西蒙·玻利瓦尔手下有一个大将叫苏克雷，为了纪念他，苏克雷也成了货币的名字，而且现在苏克雷比玻利瓦尔币值还大，为什么呢？一开始只是厄瓜多尔的货币叫苏克雷，后来在 2009 年的时候，中南美洲形成一个经济联盟，好多国家都加入，整个经济联盟的货币就叫苏克雷。好像其他国家也有拿开国领袖当货币名字的，包括有的国家叫一毛、两毛、五毛，是不是也是这个意思？开玩笑啊！

两位大英雄，一个从北往南杀过来的玻利瓦尔，一个从南往北打过来的圣马丁，这两个人倾慕已久，没见过面。只要他们两个一会师，整个西属南美就全解放了，所以他们两个终于在现在的厄瓜多尔这个地方的一个小镇见了面，厄瓜多尔当时还不是一个国家，属于大哥伦比亚。见面后，两个人谈了两天。第一天就是你好你好，两军会师，就跟红军会师一样，大家说的语言也一样，长得也一样，英雄的二、四方面军一块庆功。但是第二天成为了南美历史上最大的一个谜。第二天，这哥俩突然把所有人都屏退，一个随从都没带，所以那个会议只有他们两人出席了，谁也没看见，谁也没听见。紧接着就发生了天翻地覆的变化。这两个人长谈了四个小时，谈完了以后，圣马丁走出大帐，直接就走了，一天也没留，连夜回到利马，因为是他解放了秘鲁嘛。回到利马，直接就跟议会发表了演说，一天都没留，上船去了欧洲，从此隐退，最后终生没有回南美。在欧洲待了一辈子，而且最后还贫病交加，晚年死在了欧洲。一个解放了整个南美洲南部那么多国家的伟大的解放者，就是因为跟玻利瓦尔聊了四个小时，从此就没这个人了。然后玻利瓦尔继续南下，全南美洲共奉玻利瓦尔为解放者，头衔太多了，就不跟大家一一讲了。

　　这个事儿，到现在南美洲各国也不明白是为什么，圣马丁至死也没有跟任何人讲过，正在如日中天的时候，玻利瓦尔跟他说了什么，他直接就出门走了。而且当时两个人率领大军解放南美的时候，两军中的众将，都想奉两人为皇帝。因为当时全世界，大概只有美国一个国家是没皇帝的，其他国家全是有国王、有皇帝的。所以大家就觉得，你们既然解放了我们，你们就当皇帝吧，两人先是都不当皇帝，因为就是我刚才讲的，两个人都崇拜华盛顿，不崇拜拿破仑，都想当国父，把这个国家交给人民，像华盛顿一样立万世不朽之功。都不愿意当拿破仑，说我来当皇帝吧，袁世凯后来也是，袁世凯推翻清朝有功，他进宫逼了清帝退位，当时也是有这个讨论，你是学华盛顿，还是学拿破仑，结果袁世凯学了拿破仑称帝了。这两位都不称帝，这两位都愿意学华盛顿，但是两位还都学得挺彻底。华盛顿最后终于打胜了，歼灭了英国军队，解放了北美 13 州，回到召开大陆会议的费城。华盛顿非常感人，率领大军停在离费城很远很远的地方，就为了表明我不是那种打了胜仗的军阀要回来当国王、当总统，我什么都不要当，他自己把大军留下，接近费城的时候，把警卫都留下了，单骑回到费城，然后把自己的权力交还给大陆会议。有一幅著名的油画，目前就挂在美国的国会大厦里，每个解说员都饱含热泪地跟你讲"这是我们的国父华盛顿，他把他的权力还给了人民"等等。

学得最彻底的就是圣马丁，相当于跟华盛顿一样，单骑跟玻利瓦尔见完面，直接就走了。政治家总是比军人能说，我估计玻利瓦尔跟他说了一通，

» 《乔治·华盛顿将军向国会交还大陆军司令委任状》
作者是约翰·特朗布尔（John Trumbull），创作于 1817 年，
完成于 1824 年，现悬挂在国会大厦的圆形大厅。

说你看现在战争的任务结束了，咱们别军人打了天下还要坐天下，你看很多国家都证明了，能打天下的，真正坐天下的时候，还是不太会建设，这样吧，由我来建设，你的任务完成了，你来学华盛顿，你走吧。圣马丁就毫不犹豫地掉转马头，到利马上船直接去欧洲了。我估计西蒙·玻利瓦尔肯定也跟圣马丁承诺说，你走了以后，我保证不称帝，一定把权力交给南美人民，他确实也做到了，实现了自己的诺言。

但是玻利瓦尔唯一的问题，就是老想当一个大国家，叫作整个拉丁美洲合众国的国父，他天天就琢磨这个事儿，一天到晚召开整个拉丁美洲的会议，结果谁也不来。因为南美洲跟北美洲非常不一样，北美不要说这 13 州了，就今天整个美国也是一马平川。北美完全是 13 个州能联络起来，你要开车的话一天就开完了，它完全就是同一块地方，交通也方便，通信也方便，组织起来也方便，有非常强的大家愿意在一起的意愿。南美洲可不是，南美洲被高山大河阻挡，有世界最长的山脉安第斯山，纵贯南北；有世界最大的河亚马孙河。亚马孙河不但是最长的河，而且它的水系是世界上无与伦比地大，尼罗河虽然长，但没什么支流，因为我从空中经过过几次埃及，一看就是弯弯曲曲的一条河，整个埃及就是沿着尼罗河两岸，就一点绿的，其他都是沙漠。长江也挺长，而且虽然有一些支流，湘江、赣江……但是远远不能跟亚马孙河比，亚马孙河支流之多，流域之广大，大到它全流域能涨潮落潮，相当于是海，整个亚马孙河流域相当于在海里长出一些陆地。所以有高山大河阻隔，南美洲完全是隔开的，隔开到什么程度呢？从利马出发，坐船绕过整个南美洲，再从大西洋北上到伦敦的时间，短于从利马出发，翻过安第斯山到本国秘鲁那边的时间，换句话说，到本国 300 里用的时间比去一趟伦敦 15000 里的时间长。因为实在是太难走，导致大家就没有什么统一的意愿。智利说，我跟你们没什么关系，我自己瘦瘦地在这待着，这么大的山你也过不来，我也不过去。阿根廷说，我干吗跟你统一啊，我自己还觉得挺牛的呢。

南边后来倒是成立了一个南美联合省。合众国和联合省，其实差不多，只不过合众国叫 United States，联合省叫 United Provinces，合众国就是联合州，这个是联合省。南美联合省就包括阿根廷、乌拉圭、巴拉圭，还包括一部分的玻利维亚。

中美洲五个小国成立了一个中美联合省，自己一小长串，从墨西哥下来到巴拿马以北。后来从 United Provinces 改成了 United States of Central America（中美合众国）。在中美洲，虽然没有分得那么细，但是大家也不想统一。结果玻利瓦尔这一闹，大家不但不想统一，最后连大的国家都开始分裂了，甚至玻利瓦尔痛苦地看到自己亲手创建的大哥伦比亚也分裂了。所以说玻利瓦尔这个人是有问题的。分裂了怎么了？分裂了它也不是殖民地，大家从西班牙的手里获得了自由。什么叫自由？自由就是每块土地上的人民，有选择自己生活、选择自己国家、选择自己政府、选择自己体制的权利。西班牙压迫我们不行，我们要独立，我们独立以后，你玻利瓦尔又不许我们独立，让我们必须都得听你的，你当然不是殖民者，你是救世主，但那也不行，美洲人民有自由的传统。美洲人民说，算了，我们西班牙不要了，玻利瓦尔也不要了。纷纷都从大哥伦比亚独立了。西蒙·玻利瓦尔也实现了自己的誓言，说那我也隐退。

两位解放了整个南美洲的英雄人物纷纷隐退。圣马丁活得比较长，最后在欧洲贫病交加。我看了这段历史很心酸，因为圣马丁解放了南美洲几个最富的国家，阿根廷、乌拉圭、智利……怎么没人给他寄点儿钱去啊，在欧洲最后就贫病而死。玻利瓦尔野心比较大，或者叫理想比较大。理想比较大的人没实现理想的时候，通常就会比较郁闷，所以玻利瓦尔隐退以后大概没一年就郁闷地去世了。这两位去世了，给我们这个世界留下了整个独立的、当时还算自由的、当时还算繁荣的拉丁美洲的大部分。

下面讲咱们最开始说的新西班牙总督区，刚才我在那儿留了一个引子，说这帮人里没有什么独立仁人志士，还比较忠于西班牙王室，国王被抓起来了，就说我们弄一个君主立宪吧。国王不在的时候，他们还真没少干事儿，这个西班牙流亡的政府，还自己写个宪法叫《1812年宪法》。人嘛，都是这样的，有愿意独立自由的，就有愿意要皇帝的，就有保皇党，中国也一样。墨西哥这帮人还挺高兴，说你看《1812年宪法》有了，我们终于有了宪法，我们君主立宪挺好的，等国王出来就好了。果然拿破仑没长久，这《1812年宪法》写完了以后没两年，拿破仑打败了。拿破仑还行，没有像国民党走的时候一样，把共产党人都枪毙了，临走时斐迪南七世还没有被处死，所以最后大军开进巴黎一看，这哥们还在呢，于是西班牙国王复位，拿破仑他哥约瑟夫同志当然没戏了，被轰走了，罗马王（拿破仑二世）也没戏了，拿破仑他们家都没戏了。再有戏要等好几十年以后，拉美这个事儿还没完呢，后来拿破仑的侄子还要来捣乱。

先说这墨西哥，说怎么着出来也得表彰一下我们吧。就像葡萄牙第一次被西班牙灭国的时候，澳门等那些殖民地都坚持不投降。葡萄牙国王复位以后，犒赏澳门等这些殖民地。按说这墨西哥这么忠于这个君主，也应该被犒赏一下，结果君主斐迪南七世复位以后说，你们趁我不在，还搞一个宪法，你们还要搞君主立宪，你们疯了吧，这个国家是我的，殖民地是我的，都是我的。人家都独立了，就你没独立，结果国王不但不感激你忠心耿耿、感激你保皇，而且还来劲了，废除了《1812年宪法》，解散了国会等等。所以拿破仑做得对，这些封建君王，一点进步思想都没有，就应该把他们都处决掉。结果斐迪南这下可把墨西哥得罪了，因为实际上整个拉丁美洲独立，跟其他地方不一样，拉丁美洲独立，其实包括未来我们要讲的巴西，都是上层社会开始要独立，而不是从底层人民开始，底层人民其实无所谓，反正谁来了我都种地、种橡胶、种甘蔗。墨西哥也是，本来这上层社会对你斐迪南还挺好，结果你还来劲了，我们没独立，你还冲我们来劲，那我们也独立了吧。于是在一个极不懂事的国王的变态下，墨西哥也生气了，说那我也独立了。当然，一个人在监狱里待了一段时间后出来，可能确实有点儿变态。墨西哥没怎么打就独立了，于是整个伟大的美洲，先是北美独立，然后整个拉丁美洲都独立了。于是乎从五大湖开始，从尼亚加拉大瀑布开始，只有北边的加拿大还是殖民地，一直向南，整个大陆一直到了最南端的火地岛，都获得了独立跟自由。这是多长时间里的事呢？就是拿破仑横扫欧洲开始，短短20多年。

按说独立了就应该过上好日子了，像美国人民一样，越来越强大，越来越富有，而且我非常负责任地跟大家讲，北美跟南美洲，其实只相差30年，先后都独立了，在这30年里纷纷独立的美洲国家中，美国并不比墨西哥、智利、巴西，尤其不比阿根廷更加繁荣富强。课本里说，美国独立战争时，大家鞋也没有，光着脚丫子，七八个人抬一条枪，北美殖民地当时也很艰苦。

应该这么说，大航海时代开始，在最开始形成这些殖民地的时候，西班牙是强大的，西班牙强大了至少200年，所以好地方都叫西班牙占了，葡萄牙也占了一块好地方，巴西，能种东西，还有银矿、金矿、硝石矿、铜矿。而北美那13个州既没金矿也没银矿、铜矿，也没有拉丁美洲这么繁荣富强，有这么肥沃的土地、这么大的河流。所以北美和南美人民，打败了英国帝国主义，打败了西班牙帝国主义、葡萄牙帝国主义（葡萄牙也好意思叫帝国主义！）以后，其实大家是在同一个起跑线上。北美人民跟拉丁美洲人民，说着虽然不一样的语言，但一起开始为自己战斗得来的自由的国家奋斗。结果奋斗到最后，怎么成了今天这个样子，差得不是一点两点，同时起步，你南美资源还比别人强，地方还比别人大，最后美国跑上面去了，南美洲跑下面来了。

**Q**：你去过的城市里，哪个城市的美女最漂亮？

**A**：应该这么说，美女就爱往大城市跑，所以你很难说。应该说哪个国家，或者哪块地区的最漂亮。因为她漂亮，就不愿意在乡村或者小镇待着，她就会跑到大城市去，但是那里的美女确实很多不是大城市的，就像你在北京、上海看到很多美女，其实她是从全国各地来的。就说我看到的吧，我觉得欧亚交界这几个国家的美女，是我见过最漂亮的。比如希腊、土耳其、叙利亚，这几个国家的姑娘是我见过的长得最好看的。当然这是我的审美观，因为我喜欢黑头发，而且这地方有南欧混的，有奥斯曼混的，从东罗马帝国开始，混到最后她们是西方人的身材，东方人的皮肤，再加上黑头发，所以符合我的这种审美。

**Q**：你当年多少分考上清华的？

**A**：确实这个问题我应该回答一下，因为也确实有人说，你走后门，或者北京考生分低，你在我们这儿三本都考不上之类的，正式回答一下大家。当年我考大学的时候，是 1988 年，是全国统考，没有说北京的题容易，外地题难，这是第一。第二，我们北京四中 A1 班，是当时北京市第一尖子班，北京市前 50 名里有 40 个在我们班，所以我们班当年高考的平均分，超过清华录取线大概 50 多分。我承认北京可能分数线低，但是由于我们班全班平均分超过了那么多，所以进清华的时候，跟从全国各地用全国统考卷考进来的同学的分比，一点不比他们低。大家以后说北京分低，我同意，但是我们北京四中先不接受。至于我自己的分数，我只能告诉大家，我考的超过清华录取线 60 多分，远远超过，60 多分是什么意思呢？我们当时考七门，第七门生物，满分才 70 分，是在第三天的晚上考，我们全班同学站在考场门口开始吹牛，毕竟是小孩嘛，我们说，不用考了吧，这 70 分还用吗？说咱们这种成绩还要吗？不要了，走了。说得好听，刚一打铃大家全进去了，还是保个险吧。我记得我生物考了 67 分还是 68 分，基本上确实可以不考那一门也能上了，所以大家以后不要说北京分低，大家得看不同的学校，而且我一点没走后门，完全是自己考上的。

# 第四章

# 世界杯之

## 拉美自相残杀

拉美这块大地文艺还是很好的，我隆重地推荐拉美这些伟大的作家，大家去看看他们的作品，他们的魔幻现实主义其实讲述的就是真实的拉美失去的那个世纪。〉〉

我们在巴西神出鬼没地跑到了全世界第三大城市，巨型大城市圣保罗。我们在楼顶上跟大家继续聊拉美国家。其实我早想聊拉美的事儿，但是平时聊，好多人好像觉得挺远的，对这事儿不感兴趣，这回正好是因为美洲十国进入这届世界杯32强，其中九个是拉美国家，所以正好跟大家多聊聊。

拉美国家独立的时候，只比美国晚了几十年而已，而且那时候拉美国家丝毫不弱于美国。墨西哥独立的时候比美国大得多得多，大家看看当时的地图就知道，那时墨西哥包括现在美国西南最大的六七个州，而美国独立的时候只有美国东边一点那13个州，而且是13个美国最小的州。所以南美合众国独立的时候是非常强大的，比如阿根廷、智利。当时的秘鲁其实各方面也都不弱于美国，地大物博，什么都有，美国还得靠种地，除了种地还真没别的，慢慢才发展起工业。

那拉美国家后来为什么就成了这样呢？我总结了两句话叫："离上帝太远，离美国太近。"其实，所谓上帝就是整个文明的中心，离欧洲也好，离其他地方也好，都挺远。但其实美国离得也挺远，但是美国发展起来了。所以不光是因为离那些地方太远，还有一个原因是"离美国太近"。

说到这儿，我们再讲讲旗帜。大家可以去仔细看看拉美国家的旗，大哥伦比亚分裂的那几个国家有几乎一模一样的国旗，中美这几个国家旗帜都有点像阿根廷，整个中美合众国成立的时候那个旗帜跟阿根廷非常像，所以它们分开以后也有国家很像，包括这次来世界杯的洪都拉斯。除此之外，拉美旗还有一点跟其他大洲的非常不一样的地方，就是拉美有一系列星条旗，这星条旗就完全受了美国影响，因为美国当时是所有拉美人民的榜样，美国是第一个打败了强大的英国自己独立起来的。那时候那么弱小的美国鼓舞了整个拉丁美洲，最后也都在几十年之内纷纷独立了，所以拉丁美洲大量的国家对当时有信仰的、蒸蒸日上的美国怀有很多的崇敬，所以他们把自己的国旗定为星条旗。就比如说这次来到世界杯的智利的国旗就是星条旗，不但是星条旗而且跟美国得克萨斯州的旗帜非常像，颜色稍浅一点。得克萨斯州当年从墨西哥独立出来，成为孤星共和国。这孤星共和国也是星条旗（孤星共和国旗就是现在的得克萨斯州旗），因为也崇拜美国，并且后来加入了美国。当然智利本身也是一个孤独的共和国，是在那么高的安第斯山脉西麓的一长条。

再看巴拿马旗也是星条旗，这个说得通，因为巴拿马就是后来美国鼓动从哥伦比亚独立出来的一个小国家。其实它一直就是哥伦比亚的一部分，大哥伦比亚的时候它就在里面，后来委内瑞拉、厄瓜多尔都独立出来了，它还是在哥伦比亚里头，美国后来开始慢慢强大以后，也开始琢磨旁边的国家，美国琢磨最多的一件事就是开运河。为此跟英国连打带吵、谈判签约谁都不许开运河、最后美国可以开运河等，折腾半天。巴拿马地峡这地方谁都知道，开运河当然就是开在这儿，当年苏格兰弄巴拿马公司失败了，但是美国就是要在这儿开运河，因为我就得动一个最小的国家才好，我要是在一个强大的国家开运河，它不就成埃及了吗，最后埃及就说我把运河收为国有，那英法也没办法，打了一下也没打过，所以最好是在一个小国开运河，就能听我的了。于是美国一直在这里鼓动。这是美国开始在拉丁美洲折腾的第一例，就是折腾哥伦比亚，让巴拿马最后从里面独立出来了。从那之后，美国是不停地折腾整个拉丁美洲，所有国家挨着个都被美国折腾过。所以拉丁美洲比较倒霉的就是离美国太近。巴拿马独立了以后当然就听美国的，巴拿马后来都不说西班牙语，改说英语了，所以巴拿马打了星条旗。

顺便跟大家说个有意思的事儿，巴拿马把沿着整个巴拿马运河十英里宽的地方全都租给了美国，而且恨不能半永久地租给美国，基本就相当于当年的租界，算是美国领土，美国在那儿驻军。但是这个租约特别逗，美国是跟一个法国人个人签的，这法国人说，我就代表巴拿马，你就跟我签吧。美国其实心知肚明，美国后来在拉丁美洲干了很多很多这样的事儿，就是明明心知肚明，但是你既然说你代表巴拿马，我就跟你签了，签完以后我说这儿有协议，这儿就归我了，反正我强你弱。

还有一个星条旗是大家非常非常想不到的，就是古巴的旗帜。这个大家是真没想到，古巴居然不是一面红旗上面几颗大星星或者是镰刀锤子、镰刀斧头，而居然是星条旗。这说明什么？说明古巴最开始并不反美，而且还挺喜欢美国的。大家又说了，卡斯特罗是最大最大的反美领袖，后来的那些拉美左派领袖每次一上台就上古巴朝圣去，上哈瓦那去见卡斯特罗，觉得见了卡斯特罗美国就不敢招他了，就像那种跳了大神念了咒一样。可是在真实的历史里，卡斯特罗开始革命，占领了哈瓦那，推翻了独裁的军政府以后，他还去了美国。

卡斯特罗去到美国，找美国人聊去了，说我其实并不想反美，我只是反我们那个军人独裁政府。当然谁都知道那军人独裁政府是美国扶植的，美国在拉丁美洲扶持了无数这种军人独裁政府，非常违背美国的自由平等人权之类的价值观，因为这些独裁政府干了很多坏事。卡斯特罗还说，我也没成立什么全国的共产党组织，我也没有投靠苏联，而且我希望我们之间的条约还都有效，关塔那摩继续租给你，糖继续供应给你。关塔那摩是美国关囚犯的地儿，这地儿在哪儿呢？就在古巴这岛上。古巴是一个大岛，关塔那摩是一个港，在军人独裁政府时期，美国租借了那儿。一直到现在，关塔那摩依然还是在美国手里，美国在那里关恐怖分子，还关过"疆独"分子等等。卡斯特罗居然跟美国连这都聊了，卡斯特罗不是个泥腿子，他是学法律的博士，不是那种打来打去、反这个反那个的人，他是非常有理智的，所以才会跟切·格瓦拉分手。格瓦拉虽然也是博士，但是那种激进的、残暴的人，卡斯特罗不是。

那个年代，美国正处在麦卡锡主义当政时期，正处在冷战时期，对所有的共产党简直就是过度敏感，就有点落了病似的，一听说社会主义就完全不行，朝鲜那么远都不行，一定要去打；越南不行，一定要去打，更别说鼻子底下的古巴。美国说我不相信你，你滚，你就是社会主义分子，你就是共产党，你来这儿欺骗我们。把人家卡斯特罗轰走了。当时的世界不像今天，今天你可以自己独立发展，冷战时期大家得站队，这大哥不收你那就只能归那大哥了。卡斯特罗回到了古巴没办法，于是在那个时候才成立了全国的古巴共产党，而且其实成立这个党主要是为了给苏联看。古巴共产党成立了十年以后才开了第一次代表大会，就为了让苏联看，我现在反美了，因为美国不要我，那你要我吧。这才有了后来的苏联把中程导弹、轰炸机弄到古巴，才有了古巴危机。总之古巴是星条旗，但是也被美国折腾够呛，美国光刺杀卡斯特罗就有 650 回。咱们以后开专题讲 CIA 的时候再讲具体的、好玩极了的细节。

美国第五任总统门罗当政的时候，还没有当时拉美的那些大国家强大，但在那时候就已经出现了一个门罗宣言，这门罗宣言说的就是，除了一小点的圭亚那，大部分拉美国家都已经独立了，从现在开始，任何一个欧洲国家都不要来西半球（其实就是美洲大陆）搞殖民地了，在拉丁美洲再弄殖民地、再搞任何事儿就是与美国作对。门罗总统当政时代还不强大的美国就已经开始聊这件事了。

后来美国强大一点了，就开始对着墨西哥来劲，觉得你这么大地儿，比我还大，给我来点吧，于是就开始有了得克萨斯州。得克萨斯从墨西哥分裂出来，当然是有民族原因，因为得克萨斯州的移民大量是德国移民，还有很多英国移民，英德移民当然是不愿意跟西意移民生活在一起的，因为英德移民都勤奋、爱奋斗，所以大家看英德移民组成的国家美国、加拿大、澳大利亚、新加坡都很富强，西班牙、葡萄牙、意大利移民组成的这些国家都挺懒的。大家如果去过得州就知道，那儿很多地名一听就是德国地名，这个 Burg 那个 Burg，房子的那个 House 的拼法都是德语里的那个 Haus。得克萨斯州独立出来以后，美国策动得州全民公投，一致通过加入美国。本来加入美国墨西哥就很生气了，因为得克萨斯州到现在也是除了远远的那个阿拉斯加以外，整个美国本土最大的一个州，结果美国还说我边界也要扩大，又往前蹚一条河，于是打起来了。其实美国早就想打这一仗了，因为美国开拓西部的时候非常想要墨西哥这块地方，所以美国早就准备好了。于是后来当了总统的泰勒将军率领了后来南北军的各位总司令、将军等（包括罗伯特·李上将、格兰特上将、谢尔曼上将等，后来美国内战时期的南北两军的指挥官当时都参加了美墨战争），一路把墨西哥首都给占领了，把当时美洲最大的城市、今天也是美洲最大的城市墨西哥城占领了，于是墨西哥又割让了两个大州，然后又卖掉了一块地。总而言之美国用了各种各样的方法把墨西哥截掉了一大半，现在的墨西哥比当时少了一半都不止。由此美国开始了对拉丁美洲动手。

紧接着就开始美西战争，大家想想 1898 年的美国已经比较强大了，抢来了拉美的古巴，还有不是拉美的菲律宾、夏威夷、关岛等，还好不是欺负拉美国家，而是从西班牙手里抢来的。

这时候我要说，大家一起独立的时候实际上拉美比美国可能还稍微强大一点，我举两个例子。智利海军在 19 世纪末，美国已经大败西班牙抢来这么多地方的时候，依然强于美国海军。智利海军一直都是美洲最强大的海军之一，强大到什么程度？一战爆发的时候，航空母舰还不行，大家都靠那种大炮巨舰，有着十几英寸大的炮和十几英寸厚的装甲，智利海军在英国订购的巨型战列舰是当时世界上第一流、最先进的，以至于英国给它造好了以后，正好一战爆发了，就被英国征购，改名"加拿大"号，1920年以相当于原造价一半的100万英镑重新卖给智利。另一艘智利订购的战列舰，英国征购后改名为"印度"号，因为没完工所以被搁置，一战结束后被英国改成了"鹰"号航母，一直使用到二战。可见智利海军有多么的强大。

20世纪初、一九〇几年的阿根廷是世界GDP前八强，就相当于现在的G8，当时阿根廷是发达国家。在那个时候，全世界都赶上了工业革命。在这个时候其实很少有国家掉队，连当时那么腐败的晚清，工业、铁路、造船等等也在兴起。这说明一个什么问题？当大规模的工业革命来临、技术革命横扫全球的时候，很少有国家掉队，基本上都能跟着向前走，只是有的国家发展得更好一点，比如美国，但拉美国家也都跟上了，19世纪末的时候，阿根廷实际上已经有了冷冻船，每年有300艘冷冻船把阿根廷潘帕斯草原上最好的牛肉运到欧洲去养活全欧洲的人。

那后来怎么就越来越不行了呢？就是它后来的进化过程被打断了。我觉得最好的国家就是自然进化，就像美国、澳大利亚、欧洲……该到哪个阶段就到哪个阶段，该工业革命就工业革命，该左翼、激进、工会什么的就激进激进没什么问题。美国也有犯错误的时候，像禁酒令之类的，犯犯错误就犯犯错误，大家来矫正，但是一定要让它自然地去进化。而后来整个拉美的进化过程被打断了，当然首先是因为两次大战。两次大战的时候拉美夹在中间，大家知道拉美尤其是拉美最发达的这几个国家阿根廷、巴西、智利，是有大量德裔移民的，而且有大量的日本移民，意大利移民更多。大家想想，德意日有大量的移民在这里，所以两次大战拉美被夹在中间，被狠狠地压住，丧失了很多很多发战争财的机会。一战和二战美国都发了战争财，美国在一战时大发战争财，一战之后全欧洲的每个国家都欠美国钱，但是拉美国家被美国狠狠地按在这里。所以首先我觉得两次大战尤其是二战的时候，拉美没能参与进去发战争财，虽然最后也跟着宣宣战，但是没有像美国、日本一样获得战争红利，没能获得一个安定环境的大陆理应获得的红利。正常的社会发展应该是欧洲衰落，美洲起来，但是现在是欧洲衰落，美洲北边美国起来了，加拿大跟着起来了，但整个拉丁美洲并没有向前发展。

但是即使是这样，拉丁美洲也还是缓慢地在向前进。阿根廷依然还算是发达国家，在整个 20 世纪上半叶，阿根廷不是一个发展中国家，是发达国家。智利也一直都做得还不错。但是最最重要的一个机会我觉得丧失掉了，就是冷战。冷战这五六十年是整个西方跟东方国家发展最快的时候，为什么？就是因为冷战期间由于军备竞赛、由于随时准备打仗，大家不遗余力地发展军事科技，然后军事科技带动了大量的民用科技，如果没有军事科技就没有今天的 GPS，就没有今天的导航，如果没有军事科技就没有互联网，就没有半导体，就没有所有今天的硅谷等等。但冷战期间整个拉美缺席了，跟它没关系。而西方，北大西洋公约组织、美澳新等都在里面，大家跟着一起弄，一起分享军事技术，分享各种各样的高科技；东方也一直在努力，苏联也在努力，留下的遗产今天依然还在俄罗斯、东欧等等。唯独这拉丁美洲缺席了，整个大陆除了古巴去掺和一下，弄了一个古巴危机，还被美国封锁到现在。所以在全世界最突飞猛进的技术进步的时期，在今天看来比第二次工业革命还要波澜壮阔的大发展中间，拉美没跟上，在旁边当观众看着，最后西边的、东边的都没分享到，这是一个重要原因。

再有一个重要原因就是，拉美在自然形成的进化过程中没能按照自己的意志去做。为什么？因为有一个大美国，从门罗总统那时候就说了，拉美的事儿是我的事儿，拉美是我的后院，你别管。美西战争之后，美西战争中在哈瓦那指挥骑兵团的英雄西奥多·罗斯福当了总统，他当总统以后就更把拉美当成自己的后院，拉美的事儿必须得跟美国商量，于是拉美慢慢慢慢变成了什么事儿都得美国管。那美国当然是以自己的利益为主了，举个最简单的例子，从美国来了一个巨型大公司叫联合果品公司，这在很多拉美伟大的文学著作里都能看到。这联合果品公司可不是一个简单的水果公司，甚至一些小国超过一半的耕地都是它的，它拥有电报、铁路、港口等，它就是太上皇，尤其是对中美洲的很多小国来说。在中美洲有很多小国总统的权力不如美国大使大，美国大使听谁的？当然是联合果品公司。联合果品公司说，美国的利益在此，美国大使是为美国利益服务，所以美国为了把自己的利益最大化，就成为了像当年的殖民者一样的角色。当年西班牙来了，不让你种那个，让你种这个，就因为欧洲需要这个，所以都是单一经济。美国人来了更厉害，说你一定要纳入我美国的体系里，这儿就做糖，这儿就出石油，这里给我种果树，你不听没关系，不听我换人。

美国在拉美实行的这一套跟美国在全世界宣扬的南辕北辙，我虽然经常说美国有很多地方很好，但是我必须要说，当年冷战时期，美国在拉美做下的那些事情确实是很罪恶，包括今天美国人自己都承认，确实是扶植了很多独裁军人政权，确实对拉美人民犯下了很多很多的罪行，拉美后来就在美国的压迫下变成了两极摇摆，就是只要左翼上台就没收美国公司、没收石油公司等，比如墨西哥左翼政府上台以后没收了 17 家外国石油公司，导致美国

>> 位于美国新奥尔良的联合
果品公司正门

>> 桑塔·安纳

又弄它，法国又弄它等，最后又是军人独裁政府上台。墨西哥是最倒霉的，因为它离美国太近，那么长的边界不停地政局动荡，动荡到什么程度？墨西哥刚独立的前20多年换了30多个总统，其中一个名字听起来非常像女生，叫桑塔·安纳，这哥们儿当选了11次总统，有大量的外国势力在后面操纵。

拉美后来整个陷入这样的摇摆中。拉美的电影、文学大量在表现这个题材，尤其是文学，大家看加西亚·马尔克斯，看略萨，看聂鲁达，整个拉美的悲怆就是在左右两极摇摆。左派一上台就没收美国公司，将石油公司、果品公司等收为国有，委内瑞拉当时收为国有的时候，基辛格说过一句话：委内瑞拉向我们提供的石油超过我们从波斯湾所有国家的进口。我们为什么出兵那么老远跑到中东去打，为了保护石油。那为什么不出兵占领委内瑞拉呢？委内瑞拉给我们提供那么多石油，所以就不能让左派上台。当然，今天的世界已经不一样了，冷战结束了，现在的美国再也不能像当年的美国、苏联一样为所欲为地出兵，可是当年就是，左派上台没收我，立刻 CIA 就来了，或者我立刻就出兵，美国自己出兵有很多次，或者扶植你的游击队在美国训练。美国几乎很少失败，大概只在古巴的 Bay of Pigs（猪湾）登陆失败过一次。大家如果去迈阿密看的话，那儿还有一个着火的纪念碑，纪念猪湾登陆的那些反对卡斯特罗的古巴侨民。

但几乎都是美国胜，尤其是中美洲那些国家不停地被美国颠覆，美国一颠覆左派政府，就上来右翼军人，军人一执政又开始执行独裁，对人民进行各种各样的迫害。包括很大的国家，像阿根廷军人独裁时期都有成千上万的人失踪，就直接把左翼的那些人装到飞机上，在飞机上枪毙了，然后扔到海里去，就是这样。曾经那么强大的智利也是，这几年皮诺切特因为受审等等，新闻还比较多，皮诺切特执政期间也是成千上万的左翼人士被暗杀，然后人民愤怒再起来推翻军人政府，然后左翼上台再没收外国公司这么闹。

结果弄来弄去大家都不发展经济了，因为军人执政一段时期就不行了，拉美人民还是热爱自由的，那最后军人被迫下台的也有，被打败的也有。像阿根廷是被英国打败了，军人政府下台，大家来选举。一选举大家都不讲经济，大家就说反美、反美、反美，选你、选你、选你，上台以后就搞一通反美，然后再被弄下去，军人再上台，美国在后面对这些军人有很大的支持，包括各种各样的援助，经费、武器等等。而且拉美国家很悲怆的是，军人从独立的那一天开始，在拉美国家一直拥有强大的势力。其实不光是拉美，你看到在东南亚很多国家也是，从殖民地独立出来的那些国家里，军人也都有很强的地位，一直到大概冷战之后才改变过来。军人的势力强到什么程度呢？那些国家都不打仗，没参加冷战搞军备竞赛，也没去研制什么高科技，但是军费开支经常占到大部分拉美国家政府开支的一半以上，这简直太令人发指了。一般的国家打仗的时候差不多才到这比例，不打仗的时候 20% 都已经很高了。甚至有的国家军费开支超过了整个国家的预算，就是为了养着军队，因为你不给我钱，那我就政变，在拉美政变简直太正常了，拉美一个校官都政变成功过，更别说来一将军。

还有一个有意思的现象，就是军人执政期间经济发展甚至比这些所谓的左翼反美人士还好一点。因为左翼的这些人实际上是一些革命者，真的是没经验，上来喊一通口号、反一通美，而且每一个国家民选的左翼政府几乎都是很贪腐的。拉美的人就是这样的性格，不管是左翼的共产党也好，社会主义也好，还是右翼的军人也好，首先一个共性，都是西班牙、意大利的后裔，就是比较懒。大家看看他们的母国，都跟这很像，西班牙的事太著名了，1936 年，左翼上台以后，开始反教会等，于是最后军人独裁上台，就是佛朗哥。不管全世界的国际纵队怎么去打，都没打赢，佛朗哥天主教的军队占领了马德里，开始了几十年的军人独裁，一直到 1975 年才完事。

拉美的母国就这样，拉美也这样，说西班牙语的国家都在这两极摇摆。

军人执政的时候政局会比较稳定，当然是因为有美国的支持，或者纳粹的支持（当年的佛朗哥是纳粹支持），或者法西斯的支持等，给你贷款也好，给你投资也好。但稳定主要是因为什么？你不稳定我就杀你，所以政局比较稳定。但只是没有人权，没有自由，然后经济发展得还不错。西班牙其实在佛朗哥时期经济发展得也还不错，智利其实在皮诺切特时期经济是发展最快的时候，智利今天是整个拉美最富有的国家，皮诺切特执政时间很长，打下了坚实的基础。阿根廷也是，我去阿根廷的时候，阿根廷人跟我们说，你看我们这儿修的路、修的桥、修的大楼，凡是这些公共建筑，全是军人政府时期建的，自从军人被打败，我们开始民主了、开始选举了以后，每一届政府什么都不干，公务员越来越多，占到了全国人口的一半，就喊叫着反美。

》1936 年时的佛朗哥

拉美越来越激进，甚至出现了一群激进的女性领导人。现在拉美最大的三大国家叫 ABC，A 是 Argentina 阿根廷，B 是 Brazil 巴西，C 是 Chile 智利，全部由女性总统执政，而且都是左翼的，都以反美著称。说到拉美这些女总统我要补充一句，在亚洲也出现了很多女总统，韩国的、菲律宾的、印尼的、斯里兰卡的……但是我要说一个非常大的不一样，我觉得这是拉美的女性领导人们的骄傲，就是拉美的女性领导人，除了全世界的第一个女总统贝隆夫人是因为丈夫去世，自己是遗孀当了女总统以外，其他所有拉美的女性领导人都是白手起家，靠自己的本事上来的，尤其智利这个，中间还被选下去一届，等那届完了她又选，现在又选上来了，全是靠自己。而亚洲几乎没有靠自己上来的女性领导人，韩国的朴槿惠那是原来的总统朴正熙的女儿，菲律宾的阿基诺夫人，大家一看"夫人"两字就知道……包括日本、韩国这么民主自由的国家，也是首相的外孙子当首相，总统的女儿当总统，因为亚洲国家好像有这传统，觉得就你们家当得了。所以不光朝鲜是世袭，韩国也是总统的女儿当总统。拉美不一样，拉美人民还是热爱自由的，西班牙裔与意大利裔他们就是热爱自由，而且他们有点太自由了，自由到一点纪律都没有。

咱们以前讲过，意大利一打仗就赶快投降，战俘都按亩算，一俘虏就是两亩地的军官、五亩地的士兵，西班牙更不能打仗了，这么多年就没听说过西班牙打赢过什么仗，除了大航海时代，那之后就再也不能打仗了，更别说西班牙在拉美的后裔。虽然拉美军人独裁看起来厉害，每个国家都被军人反复独裁过，但是打仗就是不行，从来也没见谁打赢过什么。阿根廷那个时候还有航母，有先进的飞机、先进的导弹，那么大一国家，马岛就在你鼻子底下那么近，英国13000里南下。而且在20世纪70年代英国被工党政府搞得已经衰落到航母都拆了，轰炸机也拆了，最后只有两个很小很小的小航母跑到马岛来，就那么千百来人登陆那一万多人守着的马岛，结果阿根廷就投降了，就不能打，这民族特别有意思，就是爱自由爱到了无组织无纪律的程度，所以大家看到拉美很少团结起来。中美洲联合省分了以后，多次有领导人想让他们团结起来，说咱再组一国家，咱那么小，危地马拉被美国颠覆了，尼加拉瓜被美国颠覆了等等，咱们得团结一下，但是就是不行。

当然地理原因是一个重要的原因，美国是一马平川，从东岸到西岸，整条的高速公路可以一个隧道都没有就穿过去，从南到北密西西比河贯穿能航运。拉美跟美国不一样，安第斯山脉整个切开大河流域，所以拉美非常不挨着，导致他们非常不喜欢对方。我们在拉美问每一个国家的老百姓，你最讨厌的国家是哪个国家？都是说自己的邻居：到阿根廷说巴西，到巴西说阿根廷，到智利说阿根廷等等。他们互相都很讨厌。

拉美国家不能打到什么程度？谁去欺负拉美，比如西班牙去几个人，葡萄牙那么点小国去几个人，都能折腾一通，法国来 2000 人跑到墨西哥去也能折腾一通，要不是美国最后陈大兵在那儿说你出去，法国就不走了。甚至包括清朝，大家想想看，那时候谁都来欺负我们，比利时都在武汉有租界，居然清朝这么弱的国家都敢欺负拉美。当然也不能算欺负拉美吧，是这样的，那个时候墨西哥出现了排华浪潮。先说一下，排华不光在东南亚，在很多很多地方都出现过，尤其是在本身民族太懒的国家。我们在洛杉矶生活会遇见很多很多墨西哥人，确实一到周末就喜欢弹琴唱歌。包括南欧，西班牙现在有点排华，阿根廷前一阵子也开始排华……就是因为他们懒，华人勤奋。所有懒的地方华人来勤奋挣钱，把他们挤倒了，他们就开始排华。再说回来，当时墨西哥出现排华浪潮，屠杀华侨，华侨就请政府支持，虽然知道肯定希望渺茫，那时正好北洋水师被日本全歼了，我们经营了那么多年的亚洲最强大的舰队被全歼了，全歼了那这国家也不能没有海防啊，所以虽然没有那么多钱了，还是从欧洲订了几艘比定远、镇远小很多的军舰。1911 年 4 月，其中的海圻号巡洋舰赴英参加英王乔治五世加冕阅舰典礼，途中发生墨西哥排华事件，清政府一看，墨西哥你也敢欺负我？！比利时欺负我都忍了，墨西哥不能忍！于是清政府下令军舰开到墨西哥外海示威。结果中国军舰刚到哈瓦那，墨西哥就跪下了，然后恨不能跟我们签订不平等条约了，正式向中国政府赔礼道歉并偿付受害侨民生命财产损失。你说这民族怎么办！

有人说了，也有不能打的民族发展起来了，就是慢慢发展嘛。但是美洲这块土地本身还有跟别的土地不一样的地方。在整个民族人类进化的过程中，只有美洲大陆，尤其是拉丁美洲大陆的印第安人没有发明铁器跟轮子。车轮子在全世界的每一个地方都被发明出来过，在非洲，在太平洋上，在密克罗尼西亚，在亚洲……人类进化到一定阶段，总要发明出铁器。但是拉丁美洲的印第安人到最后已经发展到天文、历法、日食等都能预测了，却没有发明出车轮子。为什么？因为那里没有大牲畜，虽然有野牛，但是驯服不了，这儿最大的牲畜就是羊驼。可能很久很久以前，比印第安人还早之前，美洲大陆有过马，后来灭绝了，最后是欧洲人带来了现有的这些东西。

所以本身这块大陆进化得就有问题，是一个连轮子都没发明的大陆。这个没有发明轮子的民族又跟欧洲来的最懒的民族融合成了一种崭新的民族。本身在进化的第一个阶段就缺失了一大块，在进化的第二个阶段，一个国家应该向左摆一点向右摆一点然后逐渐矫正，不管叫摸着石头过河也好，还是在左右摆最后达成妥协也好，这些国家都应该这么向上走、这么前进，因为每一个国家都是这么前进的，法国也好，英国也好，美国也好，但是只有拉美是这么大幅度的摇摆，左成这样，然后右成那样，最后在美国的干预下，相当于转了基因，拉美变成了一些转基因国家，没有像所有国家一样正常地向上发展。

1960 年的时候，虽然拉美国家已经衰落了，但是毕竟这个大陆有那么多的资源，金、银、石油、铜等什么都有，所以经济依然还行，跟全世界还能保持同步。但是今天，全世界经济大发展，拉美国家却几乎没发展，亚洲这边"四小龙""四小虎"，一会儿崛起一个，一会儿崛起一个，拉美还继续这样。拉美国家经常会自己说，我们这个叫失去的 10 年，那个叫失去的 15 年，每当看到这些的时候，你会觉得好悲怆，因为你把那失去的 10 年、失去的 15 年等加在一起，就等于整个失去了一个世纪。整个冷战期间是拉美失去的世纪，整个那个世纪都失去了。

经济学家还总结过什么"拉美陷阱"、什么"中等收入陷阱"等，中等收入陷阱说的就是拉美人均收入到三四千美元的时候就不行了。经济学家我是不太信的，我还是比较相信地理决定论跟基因决定论。这块土地就这样，生活在这块土地上的人民就是这样的基因，这样才能证明为什么英德后裔都突破了 4000 美元的所谓的"中等收入陷阱"，英德后裔组成的国家美国、加拿大、澳大利亚、新西兰等全部都突破了，都发展了，而西班牙跟意大利后裔组成的这些国家几乎没有一个发展起来，只有极个别的，比如智利现在突破了"中等收入陷阱"。

但是总体来说，整个拉美是失去了那一个世纪，到今天，说心里话其实也想不出办法，他们自己也想不出办法，全世界的经济学家编造了各种各样的术语，也没想出什么办法。而且整个拉美是全世界年龄结构最年轻的，美国是一个婴儿潮就过去了，拉美是一直都是婴儿潮。我们在洛杉矶也经常看见墨西哥家庭，带好多个孩子。当一个国家出现大量的人口是年轻人，他们需要工作、需要生活的情况时，几乎每个国家都找不到出路，我觉得未来是非常令人担心的。而且冷战结束了以后又没人管了，今天你让美国来管，美国也不管了，美国说我先管自己吧，我这还一塌糊涂，低迷得不行呢。

那时候有人管当然有好处也有坏处，坏处是人民没有自由，我觉得这首先是不行的，这是美国对拉美人犯下的罪。好处就是最起码美国为了支持这独裁政府、军人政府，至少能给你输血，能给你援助，至少还有联合果品公司在这儿雇佣大家，现在这些都没了。现在都是左派上台收归国有，非常悲怆。

大家要想知道拉美20世纪、整个失去的世纪的悲怆，就去看看拉美那些伟大的作家。我觉得上帝还算公平，至少在文艺上对每一块土地是公平的，这个国家能画画，那个国家音乐好。拉美这块大地文艺还是很好的，我隆重地推荐拉美这些伟大的作家，大家去看看他们的作品，他们的魔幻现实主义其实讲述的就是真实的拉美失去的那个世纪。而且最有意思的是，整个拉美有史以来一共只得过19个诺贝尔奖，其中6个是文学奖。可见这拉美太逗了，文学是它最强大的，6个是文学奖，其他没有一块土地上有这么大比例，美国得过大概300多个诺贝尔奖，欧洲得过400多个都没法跟拉美比，唯一能跟这比例比的是中东，中东一共得过大概20个诺贝尔奖，其中8个和平奖，可见中东的主旋律是和平，拉美的主旋律是文学。

拉美的文学是充满诗性的文学，大家看到这6个得诺贝尔文学奖的拉美大师们，三个是诗人，包括著名的智利大诗人聂鲁达，另外三位是小说家。尤其是我最热爱的加西亚·马尔克斯，我也翻译过他最后一部小说，另外一位就是最近得奖的略萨，略萨是秘鲁的伟大作家，而且最有意思的是，略萨得文学博士的那个论文分析的就是加西亚·马尔克斯。他们的小说其实更像诗。美国倒是有9个得过诺贝尔文学奖的，但是美国9个全是小说家，没有诗人得过，而且美国那些小说家跟拉美的有明显的不同，拉美是一块有诗性的土地。

拉美音乐当然好极了，Reggae（雷鬼）音乐、
桑巴音乐、探戈音乐、哥伦比亚的排箫、秘鲁的
《山鹰飞去》、古巴的《鸽子》等音乐都非常非常好，
并且也是充满诗性的。中国也是有诗传统的一块土
地，也失去了好几个世纪，今天刚刚才崛起，当然
我们这个民族还是不一样，我们还是一个比较勤奋
的民族，到世界各地去都比他们勤奋。拉美这块充
满诗性的土地诞生了那么多伟大的作家、音乐家以
及导演，最近美国一系列的大片都是拉美导演拍的，
因为拉美市场太小，拉美导演就去了好莱坞，大家
看到的《地心引力》《环太平洋》《潘神的迷宫》等
这一系列美国大片都是才华横溢的拉美导演拍的。

》加西亚·马尔克斯

拉美连足球踢起来都像诗人，你看欧洲的足球
虽然也有拉丁派，但是总的来说是讲究战术、讲究
配合、讲究纪律的。拉美虽然也有战术，这不是绝
对的，但是你能明显感到他们踢球时那种灵光闪现
的、那种像诗一样的球风。所以这就是一块诗的土
地。但是你说诗到底好还是不好？并不是每个国家
的人民尤其是大多数人民是热爱诗的，大多数人民
是要生活的，只有少数知识分子是热爱诗的，是有
诗性的。

**Q：** 欧洲哪个国家最适合情侣一起去旅行？

**A：** 应该这么说，如果是冬天去的话，意大利最好。因为意大利什么都好，吃的也好，姑娘也美，不用情侣，一个人也可以去，而且最重要的是充满了文化，大家在旅行的时候，尤其是男生有点文化的时候，可以给大家讲各种各样的东西。而且意大利从南到北还非常不一样，这个国家经历了很多很多。但是夏天不要去，实在太热。夏天去法国，冬天到意大利，我觉得这是迄今为止最好的选择。

**Q：** 在你接触过的语言文字中，最难的是哪一种？

**A：** 我虽然去过阿拉伯国家，但是那实在有点太遥远，我甚至都没打算去接触它们的文字。我就说我稍微了解一点、打算去了解，但是确实太难的，是希腊。为什么？因为你在欧洲各国走，哪怕去俄罗斯，最起码还能念出地名来，在俄国最起码我会念它的地名，我会念 Stop，只是 S 变成了 C 而已。但是到了希腊，最可怕的是这些字母我都认识，因为大部分字母在数学里学过，α、β、π，但是这些字母连起来怎么念我一点都不知道。所以在俄罗斯、在其他地方问路你至少可以念出那个地名，在希腊一点办法都没有，只好像画画一样把那个文字抄下来给人看，抄的时候还不能连笔。你知道一个自以为有点文化的人做这种事是特心酸的，因为觉得自己不但是一个文盲，而且连念都不会念，每次抄完了以后，拿一张纸给人家，感觉这太倒霉了。所以希腊是我觉得最痛苦的地方，那文字实在是不认识。

# 第五章

# 世界杯之

## 夜闯巴西贫民窟

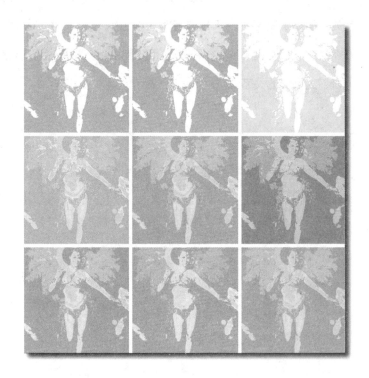

民主跟个人有关，我觉得民主跟个人的自由、个人的幸福有关，但是不是跟一个国家或者跟一个组织有关？FIFA、国际奥委会是不是要民主，各个国家是否要民主，我觉得这个好像目前看不到直接的关系。》》

在巴西转来转去，终于今天要跟大家聊巴西了，我们现在又出现在圣保罗，聊拉美的时候是在圣保罗，然后我们就出去转了，巴西这国家很大，现在终于转回来了，来跟大家聊聊巴西。现在这里比较吵，但是在圣保罗这地方想找一个安静的角落是非常非常不容易的。我们本来找了一个安静的地方，但是一跟人家谈租金，人家要15000雷亚尔，相当于5万元人民币，后来我们说还是算了。人家说你们这节目这么火，这么多人看，你们这点钱都付不起，我们说，我们的物价水平跟巴西不一样，心理承受力不一样。所以只好在这个地方，但我觉得也挺好，这就是今天的圣保罗、今天的巴西。

不是我不明白，这世界变化快，原本巴西留在人们脑子里的就是足球，偶尔还有每年2月的时候

《新闻联播》会说巴西的狂欢节，除了这两件事，大概大家对巴西没什么印象，感觉上好像挺落后。跟大家先报告一下，巴西现在在金砖国家里都是很领先很领先的，仅次于中国，在整个西半球 GDP 排第二，西半球第一就不用说了，就是全世界第一的美国。在整个南半球，巴西是遥遥领先的国家。在全世界，巴西已经排到了第六，但不是很稳定，有的时候第六，有的时候第七，基本上已经追平甚至超过了英国，仅次于美国、中国、日本、德国、法国。大家想想这巴西已经到了这个地步，即使算人均，也已经过了一万美元，已经远远超过了中国，中国虽然在全世界排第二，但这是因为统计时把欧盟给分成了很多国家，实际上欧盟现在全都一体化了，大家用同一种货币，没有边境，连车牌号都已经统一编了。所以如果当成一个经济体，那欧盟遥遥领先美国，欧盟有将近 20 万亿的 GDP，美国才十几万亿，中国才几万亿。中国说自己富了，现在有富人心态了，大家要知道差距还是很大的。

中国在金砖国家里已经遥遥领先，其他所有国家加一起都没有中国 GDP 高，但是中国一定要拉着金砖这几个国家，因为对于中国更重要的不是经济上的问题，而是觉得这是世界的新兴势力，过去由老牌国家来管理这个世界，现在变成了这几个新兴势力要在世界事务中发发言。其中巴西由于代表了整个南半球，代表了拉丁美洲最高的成就，当然要在这世界上发发言。在这个非战争解决问题的时代发言，最重要的就是在这儿主办世界杯，两年以后在里约主办奥运会。

所以这个世界变化快，今天来巴西已经不是简单说来到了一个落后国家，看看他们光脚踢球等，我觉得在巴西的大城市里的感受，有点像差不多十年八年以前的中国大城市，虽然它整个国家的人均其实是超过中国大概一倍都不止，但是你会感觉到发达地方已经很发达很发达了，但是不发达的地方很不发达，有点像北京、上海、深圳当年还有很多棚户区等等。当然是由于咱们体制不一样，咱们可以集中精力办大事，迅速在这些年里发展起来，在大城市、中等城市里我们已经看不到那么穷的地方，但是在巴西，贫富分化还是很厉害的。

在这里的第一感受首先是贵，到巴西来大家要注意一下。其实现在大家去美国或者日本倒觉得便宜了，可能跟心理的预期有关，大家觉得美国、日本是那么发达的国家，到那一看也没多少钱，车比中国便宜，尤其美国，房子比中国要便宜，什么都比中国便宜，日本也是因为汇率问题现在越来越便宜。但是到巴西来，我们剧组的预算现在有点捉襟见肘，为什么不租那5万块钱的地方呢？因为什么都比预想的贵，这儿一个iPhone 5要卖相当于1万多元人民币，一个三星手机也要卖差不多1万多元人民币……我就不林林总总给大家讲了，总而言之各方面都比中国要贵。

但是你看到还有大量的穷人，有大量的贫民窟。巴西的贫民窟大家是非常了解了，尤其咱们中央电视台前一阵播出了巴西贫民窟里的什么毒贩枪战等，确实是感觉到了这问题。但是又感觉到这地方好像很多人住得比中国富得多得多，就在我们这酒店，我住在二十几层，往外一看就是各种各样的高级公寓，尤其是高级公寓顶层的那些Penthouse，豪华之极。就在到处都是高楼的地方还出现了那种大片的绿地别墅区等，中产阶级普遍比中国要富裕一点。中产阶级最起码有一样是富裕的，这也是巴西的特色，或者说巴西、印度这种有不同的肤色、不同的种族（印度叫种姓）的特色，就是他们有好多好多佣人。我们中国目前找一个阿姨、找一个保姆实在越来越难了，中国没有像巴西、像印度这么严重的种族差异，肤色越深的人觉得自己就应该做佣人，自己觉得还挺好，肤色越浅的人就觉得自己应该去学医学、法律，应该去留学等，这方面跟中国还是有很大的不同。

但是总体感到的文明程度、在大城市看到的现象跟中国还是很像的。我以前总结说，我们中国跟西方尤其跟美国、欧洲的差距，就是我们可能私德特别好，对父母、对亲人、对孩子等，但是公德不够好，就是对陌生人，包括在公共场合过马路、开车等等。来巴西一看，很像，上街过马路、开车等跟中国有一拼。还有扔垃圾，中国的音乐节一办完，大家扫出好几吨垃圾来，巴西的狂欢节一完，大家扫出好几吨避孕套来，这点有点比中国开放。再比如说，大家都不排队，我们开始来觉得我们还比较文明，我们在酒店开房开了40多分钟，为什么？大家随便来，也不排队，就插到跟前，干点什么事儿你不去挤就不行。这儿一天到晚下雨，一下雨，你在街上步行，汽车从你身边开过就溅你一身水。

还有在夜里开车，我觉得在北京、上海，至少在大城市已经做到了夜里没人的时候，红灯亮起大家也会停下，在巴西这儿不行，夜里红灯不停车。不过，在巴西，夜里出行本身就很危险，为什么夜里红灯不停车？也是因为这个，巴西大城市的贫民窟太厉害，夜里有可能一停车马上就有人直接砸玻璃，来抢东西。所以巴西没办法，连法律都改了，说夜里十点以后在没人的路口红灯不停车也不算违法。这儿确实治安各方面远没有北京、上海等中国这些大城市好，以至于我们夜里上街都要到处问人家，说这条街能走吗，那条街能走吗，这个非常地吓人。

在大白天，我们专门到了圣保罗的贫民窟去看了一眼，到了萨尔瓦多的贫民窟去看了一眼。圣保罗的贫民窟大白天去都很害怕，我们司机都很害怕，说你们为什么要来这儿？我们说我们是做节目，要来看看这国家这城市里的贫民窟，因为这儿的贫民窟跟印度的一样著名。那个司机都说很危险，我们说这儿这么多车，还堵车，怎么会危险呢？司机说，虽然这么多车，可突然冲出来几个人，围着这辆车抢，周围其他车也都不会管，警察也没办法。你只有出钱雇警察，警察才来这。

这里的贪腐非常严重。可能金砖国家的贪腐都比较严重，俄罗斯贪腐很严重，印度贪腐很严重，南非贪腐也很严重……我是从总体来跟大家讲观感，这里的贪腐严重到什么程度？大家都痛恨这位叫迪尔玛的女总统，我不知道是全体人民都痛恨，还是只有中产阶级痛恨，因为如果全体人民痛恨的话，她怎么选上去的呢？可见底层人民、看不起球的人民至少可能有很多支持她的。我不知道大家看这届世界杯开幕式的时候听没听见，全场数万球迷齐声高呼了三分钟："迪尔玛×××，迪尔玛×××"，×××那句话我不知道咱们中央电视台的解说员有没有翻译，后来我们问了当地人，原来是葡萄牙语里一句最脏最脏的话，叫作"搞菊花"。当然后来骂高兴了，连国际足联也一块骂两句。看得起球的都是中产阶级，球票还是相当贵的，这说明这个女总统在中产阶级中间是很受很受批评的。

其实阿根廷的情况也一样，我们在阿根廷布宜诺斯艾利斯的时候问大家，他们对他们的女总统克里斯蒂娜，比这位迪尔玛漂亮得多的女总统，也是非常不满，因为贪腐、因为经济等等。我们不太熟悉这个选举到底是怎么回事，但是巴西、阿根廷至少现在这十几年确实是成了民主国家，结果两亿人口的巴西一投票，左翼上台，但是在大城市里，中产阶级是反对左翼的总统的。

　　不过，即使他们再反对，他们也热爱足球。这是我们看球时的一个特别特别大的感受。我们到现场去看了一场上届亚军荷兰队 5 ：1 大胜上届冠军西班牙队的球赛，有一点我觉得特别有意思，在我们那场 45000 多球迷里，荷兰球迷虽然比较多也不是特别多，西班牙因为经济不好，远没有荷兰球迷多，巴西的球迷当然是占多数了，巴西球迷最兴奋的是什么？是西班牙队的前锋迭戈·科斯塔（Diego Costa）。巴西人民认为他是巴西叛徒，因为他本是巴西球星，加入了西班牙籍，所以他每一拿球巴西球迷立刻就高兴了，因为荷兰球迷欢呼荷兰，西班牙球迷欢呼西班牙，巴西球迷有热情没地儿散，这位迭戈·科斯塔一拿球，全体巴西球迷就全场高唱"Diego Diego Diego Diego Diego Diego"，就骂他叛徒，以至于这哥们后来过于急躁。我觉得西班牙输跟他有一点点关系，他老想说你们骂我我就要进球，结果一急躁还没踢好，最后没踢完就给换下去了。

　　巴西人民对足球的热情到处都显现着，我们到贫民窟去，到什么地方去，到处都看见光脚踢球的。在贫民窟里光脚，对人的锻炼之大你只有到了才知道。我们看完球以后，冒险去了一趟萨尔瓦多的贫民窟，贫民窟就在那个球场一出来大概走路有三分钟的地方，那里就有大片的贫民窟在山上。那贫民窟是什么样呢？大概只有十几级台阶，是那种面子工程，就跟以前北京办亚运会、奥运会的时候在破大杂院、破胡同外边砌一堵墙，然后都涂了灰色这种一样，大家看着不知道里面是什么。那贫民窟也是，外面看着有十几级台阶，好像感觉上面有台阶能走，但是我们刚走十几级，上面就什么也没有了，泥泞、瓦砾，乱七八糟，那坡陡得大概只有那种专业级的越野摩托车车手能骑上去，你骑摩托车绝对上不去，汽车就更别说了，这么陡的坡，没台阶，也没水泥，什么也没有，是乱七八糟的，地上是瓶子等等。所以在那么陡的坡、那么泥泞的地方不但能上下健步如飞、如履平地，而且还能踢球，可见这球是怎么练出来的。

我说过，中国姑娘里，重庆姑娘最漂亮、身材最好。为什么？重庆都是坡，重庆姑娘从小就上坡下坡，所以练得前挺后撅。大家都知道巴西姑娘身材好，巴西影星、歌星倒产得不多，但超模特多，在狂欢节上一看，巴西姑娘屁股都那么撅，跟这也有关系。因为贫民窟全都建在坡很大的地方，大家从小就"上山下乡"，于是就成了前挺后撅。

像我这种身体不太协调，中间胖、腿细的人就得让我们剧组的两人拉着往上走。走了十几步就看见各种人开始出来了，在那种昏暗的路灯下，我觉得就像看印象派的绘画。昏暗的路灯下，走出来几个女人，就那样看着我们，非常彪悍，我们也不知道这几个女的是要干吗，但是我觉得是要打我们的意思，我们几个大小伙子本来还说拍呢，走了三十来米，后来想了想说，咱们别把拍摄的东西拿出来了，拿出来肯定没了，所以也没给大家留下重要的影像，因为我们确实胆儿比较小，也没敢拍。一看几个女的凶神恶煞似的瞪着我们，没敢待就下来了。

但是一下来就是球场、球迷等，巴西不像很多国家那样贫民窟在一个地方，其实美国也有那种 Homeless（无家可归的人）聚居的地方，但是都比较远离富人区，富人区就是富人区，富人区旁边是比较富的，然后是穷一点的、再穷一点的，最后穷人区在边上。巴西这就真在一起，从空中看的时候更明显，连大街旁边，特别好的高楼紧挨着的就是破七烂八的那种全是铁皮盖的贫民区。

在萨尔瓦多更明显。萨尔瓦多是在东北部的一个港口，大概当了200年的巴西殖民地时期的首都。开始我们去的时候在这儿转来转去，觉得这可不像是当过大殖民地200年首都的地方，破七烂八，全是那种贫民窟，就像我们看到的，体育场旁边就是贫民窟。结果等到第二天阳光突然灿烂的时候，我们说去看看到底古城在哪儿。特别神奇的是，走到了一个大柱子，我觉得那个地方很值得去，大柱子像巴别塔一样，大家知道巴别塔就是通天塔，通往天堂。那么一个大柱子，有电梯可以上去，大概有十几层楼高，其实那就

» 巴西萨尔瓦多市的新旧城由拉塞尔达电梯相连。这部电梯于1873年安装，是巴西第一部电梯，它不仅可以让游客享受城市和海景风光，同时还承载着重要的交通功能。

是个山，旁边就是电梯。我们想这上去是干吗的？于是就上电梯，电梯上了十几层高，到了那山顶，电梯门一开，我们全傻了，如同一个极为精致的、美轮美奂的南欧小城。跟整个山下是完全不一样的世界，不敢说山下是地狱，但是山下一塌糊涂、乱七八糟，而山顶上铺满了欧洲运来的大条石，建筑是用从欧洲运来的大理石盖的，当时总督府时代的 Palace（宫殿）、议会大厦，无数个教堂一个接一个，教堂里面镶金挂银，尤其是那里面有大量的金子。金子里边的木头都特别好，尤其是我们看到了很多木雕，就问人家这是什么木头，人家说叫 Jacaranda，这个我听起来特别有感情，因为 Jacaranda 中文叫蓝花楹，春夏的时候，我在洛杉矶住的那个房子外面的整条大街两边开满了这种长紫色花的树，这种树原产南美，就是用这种木头雕的各种木雕，然后外面敷了金粉。我们问大理石哪儿来的。人家说是从欧洲运来的，问什么都是欧洲运来的。欧洲上万里路，运来这些东西，完全是一个非常洋气、漂亮的欧洲式的小城。所以这就是典型的巴西，其实就差了十几层，上面就是天堂，下面就是普通的巴西。肤色也是，住在上面的，包括高楼大厦里的，包括这上面的人就越来越浅，下面的人就越来越深。

巴西是混血混得非常非常厉害的种族，光描述肤色的词汇就 300 多个，光种族的名字就有 30 多个。白人跟黑人混的是一种人，白人跟印第安人混的是一种人，印第安人跟黑人混的是一种人，这只是前三种，白人跟印第安人混过的再跟黑人混的又是一种人……各种各样的人。曾经，在还是种族歧视、有奴隶的时候收税，不同的种族有不同的税率，就分了二三十种不同的税率。巴西混血混到什么程度，其实现在已经很难很难统计，因为问巴西人你是谁跟谁混的，他自己都不知道。据现代科技的采样数据，我们看到，有

87% 的巴西人身体里至少有 10% 的黑人血统。

在巴西，很少很少有人说得清楚自己是怎么怎么混来的。我们看球的时候，就觉得巴西队的内马尔长得依稀有点中田英寿或者是那种肤色比较黑的日本球员的样子，我们还问人家说这内马尔有没有日本血统，巴西人自己也说不清。有人说他有印第安血统，有人说别的，反正也说不清了，但是我们仔细查了一下，这内马尔出生的地方就是巴西日本移民最多的一个城市。大家知道日本是巴西最主要的移民来源之一，是后期的移民，在巴西有 130 万日本移民，有日本血统的人大概有 200 万人。内马尔如果真的是日本血统，哪天加入日本国籍，那日本队就太厉害了。

在美国，大家看一个人的姓，基本上能看出来他是从哪国来的，如果看不出来的话，会问一句他祖上是爱尔兰人，还是意大利人等，美国人会说，我爷爷的爷爷那辈儿是意大利的，后来又跟爱尔兰人混，后来又跟德国人混之类的。后来我们在巴西问，说你们问不问别人，因为巴西跟美国一样都是移民国家，巴西人说，我们不问，我们在这么复杂的种族环境下其实已经练就了一个本事，就是我们用旁光一看大概就能知道这人是怎么回事。而且你问也问不清楚，别人说也说不清楚，所以我们也不问，我们就是拿眼睛这么大概一看。在巴西人们很难说这是黑人、这是印第安人、这是白人等，除了极少数一看就是后来新移民来的白人，大多数人都是经过了各种各样的混，我们描述巴西人的时候只能说颜色越来越深的人和颜色越来越浅的人。我们跟他们聊天的时候明显感觉到，跟肤色浅的人聊天，说到上大学他们就如数家珍，大学什么样，私立大学什么样，学医要多少钱，中产阶级大量的人去美国留学等等。但是我们跟肤色深的人聊天，他们都不知道大学是什么样子，就没想过这事儿，说我是怎样怎样，我儿子现在在饭馆当服务员，他的梦想是以后到报社里当个记者等等。我不知道是不是因为南美文学大师纷纷都在报社当过记者，包括加西亚·马尔克斯等，导致他们都有这个梦想，还是他们自己能做到的最好的可能就是当服务员、当导游，最后在一个报社里能写写东西大概就是梦想。

应该说，巴西没有在台面上的种族歧视。巴西不像美国明显地有黑人、有白人，大家都混成那样了，就很难说到什么种族歧视问题。但是这个问题我觉得有点像印度，印度也废除了种姓制度，但是由于长期以来的习惯，大家都习惯了深肤色的人种就应该在底层生活，然后越来越浅肤色的人种就应该在上面。大家看到政府里只有大英雄贝利当过部长，而巴西的这些上流社会，甚至大家在电影、电视剧里面看到的巴西明星都是肤色比较浅的人，这方面很像印度，大家看宝莱坞电影里的人，肤色就比较浅，尤其是女的都是由比较白的人来演。所以这是巴西一直以来的一个大问题，也是为什么巴西人均 GDP 已经很高了，却有大量贫困的问题。跟他们的种族有很大很大的关系。

在巴西这些天最大的感受，就是他们的精力都在性上，都不叫谈恋爱，其他地方都不关心、不能理解。就比如说我们点菜吧，我们说了半天才说清楚点这个菜，他说一，又点一个，他说一二，然后又点一个，他就一二三都得数一遍，就问你是不是这一二三，点到第五个菜的时候，他又从第一开始数，说这是第一那是第二那是第五，是不是这五个菜，最后我们都疯了。点完菜他就忘了，接着干吗去了呢，看见好看的，或者看见什么就跟人聊天、谈恋爱去了，他们这儿不能叫谈恋爱，他们这儿性之开放是我走遍世界看到

》张伯伦

的最开放的，应该说没有一个国家超过巴西。他们给我们讲，说两人见面，如果第一天晚上没睡觉、没发生关系就没戏了，因为大家觉得你为什么不，你不喜欢我。我们还问了这儿的一个华裔的后代，说你觉得你更巴西人还是更华人，他说我也觉得我更巴西人，反正巴西人就这态度，大家见面就一定得发生点什么。所以你想想每天都得发生这个，他精力没办法在别的地儿，他脑子里想的全是这个事儿。

我们在萨尔瓦多的这个导游兼司机特别可爱，他不知道混了多少次血，皮肤比较深，但是又有白人的那种非常有轮廓的样子，长得很彪悍，46 岁。我们跟他聊天，说："你跟多少个女人发生过啊？"他开始在那儿算："3000 个吧。"全车人震惊，然后我们还替他圆场，说也有可能，因为原来湖人队的球员，后来得艾滋病的"魔术师"约翰逊自己承认过，他可能有 5000 个，NBA 还有一个叫张伯伦的，他说他有 9000 个，我们曾经算过，9000 个每天一个，十年 3000 多个……但是他 46 岁，我们开始算，从 18 岁开始每天一个……他马上打断我说："不是 18 岁，我是从 13 岁开始的。"我们都惊了，从 13 岁开始！所以我们重新又开始算，13 岁开始到 46 岁 33 年，每年 52 周……就是每周都得有新的，他说，"噢，那我可能算错了。3000 个有点太多了，2000 个总是有吧。"我们跟着他到处转，在萨尔瓦多的那个空中城市里（那真是空中花园）他跟谁都打招呼、拥抱等等，每看见一个跟他打招呼的女的，我们就都问他："你跟她睡过吗？"然后他说："这个睡过。"又碰见一个穿着民族服装，挤到哪儿都跟人照相的，说："你跟她睡过吗？"说："这个好像偶尔睡过。"又见一个，说："那个睡过吗？"那是个很胖很胖的女的，他说："噢，那个没有没有！"

所以这样的民族通常就比较原始，他就不愿意去追究每件事情的深意，你想想看，恋爱都不爱谈。我们还问那导游说："这 30 多年间，这 2000 多人里，你爱上过谁吗？"他想来想去，说："我只有一个孩子，是跟其中一个生的，人家也走了，这孩子我自己带着，但是我也没有爱过谁。"他说："我儿子可能会爱上谁吧，我儿子现在的想法就是想爱上一个人，然后想结婚，但是他还年轻，他才 18 岁。"那导游讲了半天，就陷入了沉思，然后在去机场的路上，他突然问了我一句："你在美国干电影这行，那你认不认识拍毛片的？"他还不知道毛片用英文怎么说，用葡萄牙语叫 Porno，但是跟英文一模一样，英文也叫 Porno。我说我还真认识。我刚到美国的第一个活干的就是给一个这种公司拍一个不算毛片，但是有点暴露的小电影。他说："那你问问他们，如果他们需要巴西男，长得还算帅的，我愿意报名。"我说行啊，然后我还想继续聊这事儿，他就聊别的事儿把这事儿忘了。我们在巴西一个特别大的感受就是，巴西人像小孩，小孩就是我要这个，我要那个，但是你只要拖住他说点别的，他一会儿就忘了。你跟巴西人说事儿、谈事儿，都是一会儿他就给忘了，就说下一个事儿了，上一个事儿彻底给忘了，很有意思的一个民族。

巴西整个给人最大的感觉，就是到处涂满了颜色。我觉得颜色跟性有很大的关系，大家去全世界各地看，反正那性特开放的地方，它的建筑就都涂得五颜六色，这就是荷尔蒙、刺激，人们必须得靠这东西，整个民族都这样。整个美洲大陆只要一离开美国南边疆，一进到墨西哥，你就开始看到五颜六色，一直到巴西，一直到最南边，全都这样。

所以在美国，姑娘说要是一夜情，最好先找一个拉美小伙子，其次才是什么别的，我们华人是完全不予考虑，谈恋爱的当然另说。总之拉美都有这传统，其中巴西是我看到的最厉害最厉害的，大家到巴西来小心一点，虽然现在通过一届一届政府的努力，艾滋病已经降低了三分之二了。那导游还跟我们讲："虽然2000多个，但是我都一直在用Condom（避孕套），这个事情是最重要的，你们要记住，到哪都一定要用避孕套才可以！"所以巴西每年2月份四天的狂欢节，大家跳桑巴，其实就是出来发泄，每天早上从里约热内卢的街上能扫出好几吨避孕套来。这是一个极其重要的观感。

**Q**：拉丁美洲有哪些音乐和音乐人值得推荐?

**A**：那太多太多太多了。拉丁美洲给全世界影响最
大的是音乐和文学。文学咱们讲过了，音乐上，
Reggae（雷鬼）音乐就是拉丁美洲、加勒比那儿
的音乐，包括全美国人民都会唱的《No woman
no cry》，就是鲍勃·马利（Bob Marley）的经典
作品，而且全世界除了切·格瓦拉的贝雷帽以外，
他的头型也是最为大家所最熟悉的；包括现在当
红的蕾哈娜（Rihanna），也是拉丁美洲的中美洲
来的；包括大家听到的 Ale Ale Ale，瑞奇·马丁
（Ricky Martin）。由于美国的西裔移民特别多，所
以导致拉丁美洲音乐在美国都是主流音乐之一，
在美国大量音乐奖上专门有这个奖，所以拉丁美
洲音乐对全世界的影响非常非常大。

>> 鲍勃·马利

**Q**：民主和一个国家强大真的没关系吗？

**A**：这个有点敏感，但是我说一下我自己的小小的想法，因为咱们讲拉美、巴西的时候确实牵扯到这问题，就是独裁时期的经济确实也发展得挺快，民主的时候经常导致一些混乱、贪腐等，我就简短地说两句我个人的想法吧。民主跟个人有关，我觉得民主跟个人的自由、个人的幸福有关，但是不是跟一个国家或者跟一个组织有关，FIFA、国际奥委会是不是要民主，各个国家是否要民主，我觉得这个好像目前看不到直接的关系。因为这个问题有点像说，信上帝是不是跟国家发展有关，那不是，也有很多信上帝的国家很穷，也有很多信上帝的国家很富，民主也一样，也有民主国家穷的、民主国家富的。但是信上帝跟个人有关，跟个人的生活、信仰、幸福、终极有关，民主也是，跟个人的自由、幸福有关，跟国家我不觉得有特别直接的关系。所以应该是每个人去追求民主，而不是什么国家去追求民主。追求民主并不能导致像有了上帝就会富裕了一样，虽然推广民主的时候跟推广上帝的时候一样，大家都说你信上帝吧，你会发财，你生活会好，但是真正看下来，其实民主跟上帝一样，是一件个人的事情，是要个人去追求的。

CHAPTER 06

第六章

# 世界杯之

## 挥霍天赋的巴西人

西方曾经流传一个段子，人们问上帝："上帝你怎么安排的，怎么给巴西这么好一块地方，要什么有什么？"上帝就笑了，说："你光看见了我给它什么东西，你没看见我给它什么人。" 》》

西方曾经流传一个段子，人们问上帝："上帝你怎么安排的，怎么给巴西这么好一块地方，要什么有什么？"大家知道巴西这块土地种什么有什么，全世界最主要的经济作物轮番在巴西成为最主要的产地，地底下又有铁，现在又发现了油等等，要什么有什么。巴西自然灾害也很少，南美是西海岸自然灾害特别多，像智利、秘鲁，因为这整个大板块地震，智利、秘鲁这南美西海岸国家一地震能一直震到日本去，智利有大地震，大家都看到过新闻。但是东海岸这边、南大西洋这边非常好，风平浪静，所以巴西也没自然灾害，地大物博。上帝就笑了，说："你光看见了我给它什么东西，你没看见我给它什么人。"

巴西的人种经过了几百年的混血，我对巴西的未来其实心里是有一点点疑虑的。我们在这儿看，包括看巴西的历史，就感到这几种混血的人，来源基因里都缺乏奋斗的基因。葡萄牙人本身就缺乏那种能把经济搞好、能把各方面东西搞好的基因。大家想想，葡萄牙这国家除了能划船、能往外跑以外，其他的在整个欧洲乏善可陈，哪怕西班牙移民也比葡萄牙的要好一点，西班牙最起码在各方面还是一个伟大的国家，葡萄牙很难堪称是一个伟大的国家，在各方面除了有一两个人突出，像达·伽马等，葡萄牙唯一就是能航海。

本地的印第安人是这里的混血的重要来源，我一直跟大家讲，我是一个相信地理决定论以及基因决定论的人，就是认为基因相当程度上决定了同样一块土地上不同的人能做出不同的事业来，所以这个基因很重要。葡萄牙人的基因本身在白人里边就已经是不能奋斗的了，再加上这里的印第安人是整个美洲印第安人里最最最神奇的印第安人。大家提到美洲印第安人，就想起玛雅文明、阿兹特克文明，但是都跟这儿一点关系没有。这两个文明在地理位置上挨着，以至于我经常分不清，有一次我还露怯了，我家里搬家、换家具，请了几个墨西哥工人，平时我们稍微有点觉得好像墨西哥人没什么文化，我们有文化，看着那家具上的雕花，我说："这是玛雅雕花。"几位墨西哥工人就说："这个不是玛雅，这是阿兹特克。"我说："你还知道玛雅文明跟阿兹特克文明的区别？"他说："你看我这儿，"一撩胳膊一个文身，"我这个就是阿兹特克，就是这样的，玛雅不是这样的。"被人教育了一下。两种文明都跟这里一点关系没有。南美洲的印加帝国文明也很厉害，跟这儿也一点关系没有，印加帝国是在秘鲁这边。

所以整个美洲印第安人里面没有发展出任何文明、没有发展出文字、没有发展出音乐、没有发展出绘画的，就是巴西的印第安人。在巴西的考古学家我觉得是在所有的科学家里最倒霉的，哪怕在拉美其他地方，考古学家也能好歹挖出个陶罐来、挖出个石器时代的什么工具来、挖出个天文地理的什么东西来。巴西的考古学家好惨，在巴西的原生印第安人从未发展出任何壁画，这应该是最最原始的，壁画都没有，大家知道绘画最开始在人间并不是因为它美而诞生的，是因为它能记事儿，说我们这儿酋长长啥样，我们这儿发生过什么事儿，地震还是火山……

音乐也是，音乐最开始是为了记事，因为人类发现，在所有的声音音程组合里，只有这个音程组合是最容易被记住的，就是很容易 Stuck on Your Mind，所以慢慢就拿这个东西记事，其实后来才管这个叫歌唱、叫音乐。全

》贾湖骨笛又称"贾湖骨管"，出土于贾湖遗址，距今约 9000 年至 7700 年，以水鸟的尺骨锯去两端关节钻孔而成，长 22.7 厘米。

世界几乎所有的民族都发现了这个音程，所以大家听音乐的时候会发现，从非洲到拉美到亚洲，音乐都是这音程，都是 Do Re Mi Fa So La Si，然后又是 Do Re Mi Fa So La Si 这么上去，说明稍微进步一点的人类就会发现这东西，结果巴西的印第安人没有发现，所以在巴西的印第安人里既没有壁画、陶器等这些东西，也没有音乐。中国 8000 年前就发现了能在仙鹤腿骨钻七个眼吹，德国 6000 年前就发现了能在鹰腿骨钻七个眼吹，等等。巴西没有，巴西印第安人太有意思了。

巴西印第安人也没有发明工具，大家知道马克思主义理论说，发明工具使人类前进一大步，是人类跟动物的区别。巴西的印第安人没有音乐用来记事、没有壁画，也没有工具，他们就是到处采树上野生的食物，这儿吃两口那儿再吃两口，基本上就是这样。他们唯一的特色就是吃人，印第安人之间打仗主要是为了俘虏几个人来吃，他们吃人到什么程度？他们不是怀着仇恨在吃人，说我仇恨你，他们是怀着非常愉悦的心情在吃人，甚至在吃人之前还要派自己的女儿，可能那会儿女儿也多，去陪这个即将要被吃的俘虏睡觉，然后睡了一阵子以后，说这人长好了，就把他给吃了。这是不是像鲁迅先生说的一样，先揣一揣肥瘠，看看能不能吃。

基本上是这样的印第安人和那样的白人还有黑人来混。黑人当然有很多优点，但是黑人在所谓的建设经济方面确实乏善可陈，在美国，黑人地位已经很高很高，但是黑人擅长的领域主要还是体育、娱乐、音乐，像迈克尔·杰克逊、迈克尔·乔丹等。真正在美国的经济建设领域，这些东西黑人还是比较乏善可陈的。所以，主要由这三类人一起混起来的民族，它的整个基因里就是快乐、天性、出海去看看、娱乐、体育、桑巴、足球……这个基因里缺乏建设、经济等这些能力。

大家知道，最开始印度西岸是被葡萄牙先征服的，葡萄牙是最先走的，最远走到印度，还走到了澳门地区、日本、中国等，我给大家讲过中日在朝鲜大战的时候，双方用的武器都是葡萄牙教的，火铳也好，炮也好。葡萄牙走得远但是走到哪儿也没把那地方建设得特别好。最开始葡萄牙人来到这儿的时候有点意思，这船出发时本来是要去印度果阿的，要先绕过非洲，结果走着走着也不知怎么就偏航了，就跑到巴西来了。一上岸一看，这地方不是果阿，但是这地方有点意思。这里有巴西木，就是巴西这个名字的来源，在这儿没发现别的，发现了木材，于是回去报告，说我们在这儿发现了木材，葡萄牙说别跟别人说，为什么呢？原来能航海的威尼斯也好，热那亚也好，主要在地中海航海，真正冲出了直布罗陀海峡，最开始航向大洋的就是西班牙跟葡萄牙。西班牙跟葡萄牙在教皇的主持下，专门定了一个条约，在大西洋中间划了条线，就是佛得角群岛以西100里格的子午线，这条线的东边归葡萄牙，所以葡萄牙有很多非洲殖民地，还有印度、中国的澳门等，以西都是归西班牙的，所以大家看到整个美洲大陆的绝大部分好地方都是西班牙殖民地。葡萄牙一看这地儿，坏了，这地儿在西班牙那边呢，于是就说，咱别说，咱偷偷摸摸去伐点木头，什么也不说。直到后来跟西班牙谈谈谈，又达成一个协议，把这个所谓的教皇子午线向西挪了270里格，一下把巴西扩进来了。

从地图上看，巴西是美洲大陆撅出来的一个屁股。巴西人最大的特色就是屁股都特别撅，巴西的姑娘们屁股撅得能在上边放杯酒。葡萄牙直到把这屁股划到了自己这里，才正式宣布，我们在这儿有一大块殖民地，这块殖民

>> 巴西地图

地的名字就叫 Brazil（巴西）。

　　于是巴西就开始了葡萄牙式的殖民。整个美洲大陆殖民是完全不同的殖民思想：西班牙殖民完全是以中央集权的方式，国王委任总督，总督在墨西哥城、在利马，后来在布宜诺斯艾利斯，总督们再往下委派官员，委派一级一级的官员，整个西属美洲大陆就是以这种中央集权的方式统治。还有一种就是英国的方式，英国人最早开始光荣革命、有议会等，所以英国的方式叫议会自治方式。英国可没有向北美派过总督，说整个美洲 13 个殖民地有一个英国总督，从来没有。13 个殖民地都是本地的议会来控制，本地的议会来投票等等。有点像后来在中国的上海、汉口这些租界都是由纳税人组成的委员会，就是后来的议会来管，英国并没有派总督来管这些议会。通常开始都是公司控制，像弗吉尼亚公司、北卡罗来纳公司等等，英国采取了这种方式。葡萄牙既没有议会传统，国王还很贪婪，也不可能让你自治，但是又没有西班牙派军队、派总督管理这么大块地的能力。葡萄牙采取的方式叫作封建承包制，中央集权在中国也是从封建制度转化过来的，像周朝的时候，管不了那么大的地方，就封了这国归你，那国归他，然后慢慢慢慢才有了中央集权制，所以葡萄牙采取的实际上是最老的一种方式。按照马克思主义历史观来说，这三种统治殖民地的方法实际上是人类进展的三个阶段，最先进的是英国的议会自治，中间的是西班牙的中央集权制，再就是葡萄牙这个最古老的分封制。

于是葡萄牙就把巴西沿着纬度分了12条，分给了几个老贵族，说我也管不了，也不知道怎么开发，你们自己去开发吧，是你的地儿你还不好好开发吗？可是巴西那时候除了巴西木也没发现什么金、银、香料、瓷器、漆器这些东西。大家知道，最开始出海的时候，船很小，船小就要暴利，运回来的东西最好是金子，其次最好能运回来银子，像西属美洲发现了银子，运回大量银子。运不回金子、银子最起码来点香料、来点瓷器吧，这些也比较贵重。但巴西运回来的是木头，后来觉得运回木头实在是效率太低了，这一船木头运回来能卖仨钱，还不够出海的呢。后来巴西把这个巴西木给磨成粉，因为巴西木是红色的，它是一个颜料，于是磨成粉，运回去卖粉了，在各种各样的织物上涂点红色，但是卖粉挣的钱还是没有金银多，它毕竟不是白粉。所以实际上大家都对这儿没兴趣，说我在这儿弄了半天，卖点染料，这比金银差远了，所以封了那么多地那些贵族也不爱去，说我还是继续出海再找哪儿有金子、银子吧。所以没人来，这儿最开始就只有很少一块地开发了。

这时候就要说到，最开始出海的有一种人，他们对巴西的今天，包括大家把巴西称为"上帝之城"等，起了很重要的作用，就是耶稣会的传教士。

出海的有两种人，一种人是去抢金抢银抢这抢那，一种人是去传播上帝的福音，要把上帝的福音传到全世界去，在那个时候就是耶稣会传教士。天主教为了对抗新教，成立了耶稣会，他们摒弃了天主教过去那种奢侈等，就是要苦行、要去传教。所以六个耶稣会的传教士来到了巴西这块土地，这等于是巴西的第一轮发展。这六个传教士深入到巴西的每一个地方去，最开始来到了圣保罗，然后就开发当地人，教当地人文化，教当地人耕种，教当地人治病等等，最主要的是教当地人信上帝。推广上帝很像后来推广民主，你得说你信上帝有吃有喝，你信上帝能看病，你信上帝有学校……所有传教士，包括当年到中国的传教士也是，来建学校、建医院、教耕种、教文化等，让人们开始生活得很好，开始种地。所以，没有人愿意来这儿，所有的那些强盗、要暴利的人都不来，最开始是耶稣会在这儿，他们开始把土著人发展起来，在这儿种地。

其他到这儿的人是干吗的？到这儿唯一的一个 Benefit（好处）就是有好多好看的姑娘。巴西印第安人没有什么别的好的，就是长得比较好看，身材也好，少女们从来都不穿衣服。大家知道哥伦布发现美洲是 1492 年，8 年以后就发现了巴西，早期大航海时代，欧洲出来的人死亡率有 90% 之多，为什么葡萄牙没办法来那么多人？葡萄牙总共才 100 万人口，能出海的男壮丁一共才 30 万，这就相当于春秋时期一个诸侯国，甲车 4000 乘，带甲 30 万。最开始也就这点人出海，所以出来的殖民者都不带家眷，到这儿能干吗呢？就是跟人睡觉。到这儿来特高兴，拿点什么枪、小炮一换，睡了很多觉，睡得高兴到什么程度？最开始来的葡萄牙白人平均每个人在这儿留下 300 个后代，除了耶稣会教士以外，教士我没有考证过。

耶稣会教士勤勉地在这儿开始种地。种地是殖民者最后的选择，比如说北美殖民地，好地儿都被西班牙占了，有金矿、银矿等，那北美殖民地什么也没有，五月花号到了波士顿，什么也没有，那就只能种地、养火鸡等，干这些事儿。巴西这里开始就靠种地，之后好几百年一直就靠种地。但是巴西的幸运在哪儿？它这地方种什么长什么，而且长的那东西在欧洲销量之大就能让人发达一次。所以巴西从那时开始，在历史上经过了连续多次的种好东西发达的过程。

巴西木挣不着钱，开始种糖。西班牙出海是为找银子，因为要贸易；葡萄牙出海是为了找地儿种甘蔗，因为十字军东征的时候从中东第一次带回了糖，糖在欧洲一下成了上流社会的奢侈品，那个时候糖卖得非常贵。葡萄牙最开始在非洲佛得角种了一点糖，因为糖必须在很热的地方种，就像现在大家知道全世界种糖最多的是古巴，欧洲种不了糖。后来发现在巴西这地方种糖好，于是就开始种甘蔗，种甘蔗就产糖，大家知道产糖所需要的技术是最低最低的，甘蔗变成糖只需要两件事，第一件事就要拿两个大圆木，中间弄一个横杆能推着它转，把甘蔗塞进去榨，榨出汁放大锅里熬，熬完了以后水分没了就剩下糖，装到船上去，运到欧洲。到现在欧洲的甜食都甜得要命，就是因为那时候糖是欧洲上流社会的标志，大家都以吃得齁死人为有钱的标志。

所以巴西就开始卖糖，发达了一阵子，于是来了好多人，第一拨移民都是来种糖的，然后第一拨奴隶来了，因为葡萄牙在这儿确实人少，就开始买奴隶。巴西离奴隶的来源地很近，奴隶从西非出发到巴西比到北美要近得多得多，所以大批的奴隶来到了巴西。据统计整个美洲大陆大概一共来了1100万奴隶，其中有400多万来到了巴西。所以就都变成了一个白人带着一大堆的奴隶种甘蔗。

种着种着甘蔗，荷兰人来了，这荷兰人跑到巴西北部占了一小块地。法国人又来了，法国人跑到巴西南部一个美丽的海湾占了一小块地，葡萄牙说不行，这块地是我的，我得把你打走。于是在萨尔瓦多的总督就给葡萄牙里斯本写信，说快来援军，法国人来了，我们要保护这块殖民地等等。先写了好几年信，终于里斯本派来了援军。大军来了，从东北部的港口萨尔瓦多开始登陆，登陆以后说法国人在哪儿？法国人在隔着 2000 里的南部的一个海湾呢。大家又走了好几年，巴西这地方还挺难走，走过亚马孙森林，走过各种高山大河，走了好几年才走到南部这个美丽的海湾。到了一看法国人在那已经建起了城堡和要塞，如今还在那儿。于是葡萄牙大军带上当地的土著进攻，土著跟着葡萄牙人，因为葡萄牙人让他们信了上帝，土著说，我们为了你，为了上帝战斗。这个挺逗，因为法国人也是为上帝战斗的。

于是两边开始大战一场，跟大家讲讲这大战的规模，葡萄牙军队一共120 名，土著军队一共 140 名，加起来一共 260 名。葡萄牙大军冲上去围攻法国城堡，法国的殖民军一共 74 人，于是大家在这儿大战了两三年，终于打死了 20 多个法国人。当然法国人就跑了，跑了其实也就一公里。然后葡萄牙人说，赢了，回去吧，居然就走了！走了以后，法国人一看，哟，葡萄牙人走了，于是又回到那城堡。过两天葡萄牙一看，怎么法国人还在这儿，于是又给里斯本写信，又派来援军，然后 100 多名葡萄牙人带着 100 多名土著又来了，然后两边又打，在这个美丽的海湾总共大概打了 12 年，终于最后葡萄牙打胜了，把法国人打跑了，法国人签了投降书。

欧洲人特别逗，欧洲人特别喜欢签协议，不像中国，败了就败了，中国人从来不签什么协议，赤壁之战输了，也没见曹操签协议说我输了，咱们以荆州为界等，从来没有过。法国人说，好，这儿归你了，我走了。这是西方人的传统，到今天都有这个契约传统。于是有了这份协议，这个美丽的海湾才没有叫一个法国名字，而叫了一个非常美丽的葡萄牙名字，叫里约热内卢。所以里约热内卢就是这么来的。

葡萄牙打了十几年终于打跑了法国人，法国人跑了带走了什么呢？烟草。法国人到这儿发现这种东西挺好，能抽烟，带回去了。当时法国来的这74人的首领就叫尼古，这哥们儿带着败军回去，说我发现了这么一东西，没白来一趟，所以大家就知道为什么烟这个东西在法国叫尼古丁，后来在全世界都管这叫尼古丁，这名字就是这么来的。

后来，荷兰人又来了，荷兰人发现这儿能种甘蔗，就留下来在这儿种甘蔗了。在这儿要多说一句，巴西历史上经过很多次有意思的事儿，其中经过最有意思的事儿是，宗主国被灭国。这个事儿太有意思了，北美洲殖民地从来没经历过英国被灭国，而葡萄牙的殖民地经过不止一次的宗主国被灭国。葡萄牙第一次被灭国是在 1578 年，大家想想看，葡萄牙才刚殖民还没几年，1500 年才发现了巴西，一五二几年圣保罗这儿才开始有教堂，传教士来教大家种地等等，到 1578 年葡萄牙就被灭国了。

为什么被灭国？西班牙在美洲发现了白银，大量的白银涌入欧洲，西班牙就特别特别富有，把欧洲的货币总量都提高了两三倍，所以西班牙就穷兵黩武，开始打仗，于是打得自己债台高筑，最后借高利贷等等。葡萄牙也是，这儿这么多糖，卖糖赚了钱就想打仗，于是这葡萄牙国王就来劲了，置办了特别漂亮的金盔金甲，置办了各种各样的武器。打谁呢？整个伊比利亚半岛被阿拉伯人，包括摩尔人等，占领过700年，到1492年的时候才正式把阿拉伯人打出去。这一五七几年的时候，他觉得我要报仇，我要打到阿拉伯人的土地上去，占领非洲北部的阿拉伯土地，这就叫"三王之战"。这哥们就出去了，穿着金盔金甲跑到非洲土地上，跟阿拉伯人打去了，结果一战全军覆没，被阿拉伯人给打灭了，国王本人非常凄惨地阵亡在了阿拉伯北非土地上。于是葡萄牙国王没有了，怎么办呢？欧洲的王室都是一家子，所以大家就争说谁跟他亲戚离得近，最后西班牙王室说我们跟他离得近，所以西班牙把葡萄牙王室给占了，等于葡萄牙就灭国了，归了西班牙。

灭国以后的殖民地让我觉得特别感动，殖民地人民还忠于主子，说因为上帝是他们传给我们的，所以我们不要投降西班牙，我们不要投降别的国家。荷兰人都说了，说你们这国王都没了，你们就归我吧！殖民地人民说，不行，我要跟你干。不但巴西的殖民地，在遥远的太平洋上还有一个小地方，叫澳门，连澳门殖民地都坚决不投降西班牙，说我们继续忠于葡萄牙王室，我们就不投降于你。

葡萄牙一兵一卒都没有了，被灭国了，在这个时候，巴西的殖民地人民居然自己组织起了军队，去跟荷兰干，于是在没有王、没有宗主国的情况下，自己把荷兰人打跑了，一直到60多年以后，宗主国葡萄牙人民起义了，把西班牙占领军打跑了，然后葡萄牙又复国，复国以后他们才又有了宗主国。

但是荷兰人被打跑以后干了一件什么事儿？把甘蔗给带走了，于是在荷兰的殖民地里大量地种起了甘蔗。巴西也种甘蔗，荷兰的殖民地也种甘蔗，甘蔗就不值钱了，经济规律就这样，到处都是甘蔗，所以甘蔗一落千丈，糖的价钱一落千丈。

在那个我觉得特别有意思或者叫伟大的时代，很多东西都是这样，开始铝被发明的时候，由于没有电，没有电解铝，铝比金子还贵。后来突然有了电，发现电解铝特便宜，于是铝一落千丈，存了好几锭铝的那些人只能在家里做饭盒用。糖也是，糖的价钱一落千丈，于是巴西看起来要死了，可是巴西幸福就幸福在这儿，这块土地种什么长什么，甘蔗不挣钱以后干吗？种烟。就开始种烟，又到处出口烟。烟也是这样，起来了然后又太多了，因为北美也种烟，弗吉尼亚开始种烟，北卡州开始种烟，到处种烟。于是烟也不行了，价钱下来了。

那个时候的巴西只在沿海这一小条，内陆的整个巴西还没有被开发，那糖跟烟都不行了怎么办？结果在这个时候巴西发现了金子。金子啊，巴西太幸运了！要知道在大航海时代，那些小船漂洋过海，带银子回去就已经让西班牙暴富，成为大帝国。结果巴西这儿发现了金子，而且金子之多超过了之前在美洲所有地方发现的金矿的十倍都不止。巴西发现金子这件事是第二次对欧洲货币带来大冲击，第一次是玻利维亚波多西的白银冲击了欧洲货币，甚至波多西的白银冲击了中国的货币，因为大量的美洲白银涌进了中国，明朝到最后只好封关禁海。巴西这大量的黄金就从离圣保罗州不远的东部的一个州开采出来，大量地运到了葡萄牙，葡萄牙一时间又富得不得了。

葡萄牙一开始是征十一税，就是教会十一税，当时罗马天主教教皇专门给了西班牙国王和葡萄牙国王宗教权力，什么叫宗教权力？就是政教合一，由国王来委任总督和主教，于是征十一税，后来征到五一税，也就是五分之一的黄金都去了葡萄牙，但是巴西还留了五分之四呢，导致这里大发展。主要有两个发展，一个是黄金大量地留在巴西，巴西进口了大量的东西，再有一个就是由于黄金在内陆，无数的人涌向内陆，于是这边都没人种地了，全撂了荒，甘蔗也没人种了，烟也没人种了，大家全都带着奴隶跑去淘金。

黄金的发现一下就把巴西的内陆开发起来了，几十万人到了这里，当时在挖掘黄金的地方建起了极为富饶的城市，就像在白银时代的时候，玻利维亚的波多西成为全世界最富有的城市一样，用香槟酒洗澡，然后穿的全是绫罗绸缎。这些人就挖挖挖，黄金这儿挖没了到别的地儿挖，结果挖着挖着发现这里没黄金了。

但是又挖出什么来了？钻石！所以说上帝简直让这片土地太幸运了，黄金挖完了挖出钻石，而且这里的钻石非常之大，当时全世界24克拉以上的钻石全部是巴西出产的，大家知道，24克拉大钻石镶在王冠上，国王都戴不动王冠，这么大的大钻石都是巴西出产的。你说你又有黄金又有钻石，葡萄牙再贪婪也就征走你五分之一，五分之四留在这儿，你要稍微有一点经济头脑，就像海湾国家，说今天咱们有石油，拿石油来干吗？投资、建经济、去干别的，等有一天你没有这些资源时，其他经济也建起来了。但这里的人没有。我们一直在说整个巴西这个融合出来的民族就是有今儿没明儿，巴西有一句著名的谚语，叫："白天哪怕一切都丧失了，夜里上帝还会再补给我们。"所以巴西人不怕，白天什么都没了都没关系，反正睡一觉上帝又给我们了。

于是黄金也好，钻石也好，五分之四留在巴西，巴西干吗了？消费、吃喝玩乐，什么地也不种了，那个时候不种地到什么程度？那些淘金的人最后由于周围都不种地，每个人都在淘金，那地都撂着荒，最后这些人都没的吃，于是手里拿着金子，戴着大金链子吃猫、狗、老鼠、蚂蚁等这些东西。这可见巴西人的性格就是有今儿没明儿，就不想别的。淘金的时候吃什么都不想，就是最后吃蚂蚁了手上还戴着大金链子。除了淘金还干吗了？建教堂，从北部到南部，从萨尔瓦多到圣保罗。圣保罗这城市之所以叫圣保罗，就是因为天主教耶稣会的原因。教堂又不能生产什么，教堂只能让大家在快饿死之前去祈祷。

最后就是这么消费一通，当黄金也没了、钻石也没了的时候，怎么办呢？说咱们大家等着饿死吧。结果又发现了东西，发现什么了呢？棉花。这些东西都不是巴西人引进的，棉花是巴西野生的一种植物，这儿的印第安人从来不知道棉花能干吗，印第安人也不穿衣服，这儿又暖和。在这里，打仗的时候把棉花点着了，放箭上射出去，棉花就干这个用。结果他们后来发现，欧洲人身上穿的衣服原来是棉花做的，于是又开始弄一大堆棉花，运到欧洲去，又发财了。所以上帝对巴西这块土地太好，以至于这些人也真懒。不像北美，北美人真的什么都没有，也没矿，也没金，也没钻石，也没有野生的棉花等，那北美人民就特努力。但巴西人民觉得反正上帝会给我们的。

而且最有意思的是，巴西出产了全世界当时最大量的棉花，却在整整一个世纪里一台纺织设备都没有，为什么？因为葡萄牙这宗主国实在是没选好。葡萄牙被西班牙灭过国，所以复国以后就觉得旁边有一个大西班牙实在太危险，得找一个国家保护。紧接着西班牙崛起的是哪个？那就是英国了，英国打败了西班牙无敌舰队。葡萄牙就说，英国我跟你好，省得再被西班牙灭国了。英国是全世界最有经济头脑的，说，好，那咱们签个协议吧，西方人太爱签协议，签了一个什么协议呢？就是你所有的什么纺织、工业这些东西，必须都从英国进口，你自己不能生产。葡萄牙说，好啊，那无所谓，反正我有钱，我有金子，我有钻石。于是签了这么一条。

其实巴西当时已经开始有了一点点的工业、一点点的纺织机、印刷机这些东西，但是宗主国葡萄牙来到巴西这块土地上，说我们跟英国签了协议了，我们得遵守，必须买英国东西，不许自己生产，于是就把巴西所有的纺织设备等这些东西全部捣毁，其实当时都已经在水边有水力发动的榨甘蔗和织布的设备了。这导致整个巴西这么大一块土地上没有一台织布机，但是产了全世界最多的棉花，只出口棉花。别的什么都没有，印刷机都没有，不许印书，要什么书都得从葡萄牙进口。所以巴西人民用这些钱从葡萄牙买英国货，导致巴西后来从上流社会到奴隶，哪怕是奴隶身上穿的衣服都不是自己纺的，都是从英国进口的。当时最高潮的时候，一周有五万镑黄金从巴西到葡萄牙，然后葡萄牙买东西，黄金又运到了英国，英国一周有五万镑黄金的收入。英国殖民地倒没有产过黄金，但英国用自己出产的这些东西，换来了葡萄牙的殖民地巴西的黄金。英国的迅速崛起其实跟这有很大的关系。巴西就一直没发展起来，因为被葡萄牙这么耽误着，自己宗主国又弱，所以就一直这样种东西。紧接着棉花产量又大了，大家知道南北战争之前为什么南部用奴隶，因为北美南部也种了大量的棉花，所以棉花又不行了。

棉花不行又来什么了？后来发现了可可（Cacao），这都是巴西本地产物。欧洲人爱喝这个，然后又发现了咖啡，一直延续到今天，像巴西的咖啡、哥伦比亚的咖啡……南美产咖啡。然后是橡胶。这之前欧洲都没有橡胶，于是开始种橡胶。这橡胶太发财了，最开始橡胶还没卖那么贵，然后等到开始工业革命的时候，橡胶就卖到跟黄金一样贵。巴西开始大量地割胶，还不是种橡胶，因为在整个巴西的亚马孙河等原始森林里，到处都是野生橡胶，于是又来了大量的移民、劳工、本地的人、黑奴等，大家披荆斩棘，进到所有地方。因为这和种植橡胶是不一样的，种植的橡胶是一排一排的，大家早上在树上划一个口子，桶放好，到晚上回来收就可以了。这野生橡胶不是，大家披荆斩棘进去割，割完了以后弄一个桶，然后再背出来等等，运到欧洲去。总之那时候巴西因为橡胶又繁荣了一轮。

巴西通过橡胶发财之后，英国人又干了一件事儿。当时巴西严禁橡胶种子出口，出境时海关都要搜的，因为巴西人也发现了，我的甘蔗被人偷走了，我的棉花被人偷走了，那我不能再让你把橡胶偷走了。但是英国派了一个小伙子，在这儿生活了很多年，跟葡萄牙人、巴西人打成了一片，学习了种橡胶的各种技艺。在一个月黑风高的夜晚，他偷走了七万克橡胶种子。这

>> 割橡胶

些种子一偷走，巴西又完了，因为英国马上就把那些橡胶种子带去了在东南亚的那些英属殖民地，那些地方也是热带、亚热带。现在一提橡胶，人们都马上想到马来西亚橡胶、泰国橡胶等等。这些种子在那些殖民地一种，马上产的比巴西还多，比巴西成本还低，因为巴西都割野生橡胶，人家那儿是在橡胶园一排一排种起来。于是国际上橡胶又开始价格大落。

**Q**：拉美阿根廷、巴西、智利（ABC）都是女总统，
是不是男女极其平等？

**A**：应该这么说，巴西还不是很平等。虽然巴西 GDP
高，但是在社会发展形态上还是差了很多。由于
阿根廷和智利大量的是白人，所以有更多的白人
文明在那里，男女还算比较平等。在巴西，首先
皮肤深、皮肤浅就成了很大的问题，巴西所谓的
性开放主要还是男人的性开放。就像中国人曾经
说过，最幸福的是用一个中国厨子，用一个日本
老婆，用一个英国管家，这是最幸福的中国人。
巴西人说，最幸福的是娶白人老婆，用黑人佣人，
然后跟混血当情人。大家想想，这本身就已经牵
扯了男女、种族各种各样的不平等。巴西男人跟
我们说过一句话，我们都听傻了。他们说，我们
不能选一个像阿根廷的克里斯蒂娜那样的女总统，
长得太漂亮了，你看我们为什么选这个女总统，
是因为她长这样，也不能干别的，她只能当总统。
这是巴西人自己说的，我没有任何歧视的意思，
可不要导致外交争端啊。巴西确实除了经济以外，
在文明程度上不如阿根廷和智利，包括说英语的
比例，智利说英语比例是最高的，其实智利是说
西班牙语的，但基本上都会说英语。会外语这件

事本身就是教育程度的体现，在巴西说英语是极难极难生存下去的。

**Q**：高老师有没有去过亚马孙丛林？说一说亚马孙丛林吧。

**A**：这个很抱歉很抱歉，因为这亚马孙要一去，不是几天的事儿。为什么？亚马孙这地儿大到什么程度？欧盟28个国家加一起400万平方公里，亚马孙比这还大。咱们之前说过亚马孙流域大到都能有潮汐，就像海一样有潮汐，因为它水面太大，很多地方连二级公路都没有，你也没法进去，我们也不知道打什么预防针等，不要说我们了，巴西政府到现在对亚马孙里面真正到底有多少人口，有多少村庄，是不是还存在着100多年前黑奴逃到那儿自己建起来的部落，都没有一个精确的统计，也弄不清楚亚马孙什么样。我是希望有一天我能勇敢地从秘鲁出发，沿着亚马孙漂流，一直漂到萨尔瓦多等下游地方，但是这次还没有，剧组还没有敢深入亚马孙，所以只敢说这一点。

CHAPTER 07

第七章

# 金砖老二——巴西

自由本身保卫不了自由，巴西就是一个明显的例子，他们都自由，每一个人都是自由的，但是没能保卫自己国家、民族的自由。〉〉

今天继续跟大家讲巴西。橡胶时期的巴西已经跟葡萄牙没关系了，这个时候巴西已经独立了，巴西独立跟宗主国被灭国又有关系，咱们讲拉丁美洲时已经讲过了，拿破仑改变世界不光改变了欧洲、改变了欧洲的国旗，而且因为拿破仑占领了西班牙，所以西班牙的美洲殖民地全都独立了。葡萄牙就在西班牙边上，拿破仑顺手把葡萄牙也占领了。但是跟西班牙不一样的是，西班牙国王被关在法国了，拿破仑来了以后就让葡萄牙国王选，说你跟我，还是跟英国？葡萄牙一想，您这海军已经都被消灭了（咱们讲过特拉法尔加海战），我要跟了你，我这海外这么多殖民地怎么办，我葡萄牙什么财富也没有，就海外殖民地有财富，我不能跟你法国，跟了法国我出不了海了。因为当时法国为了对抗英国，实行大陆封锁政策。封锁掉了以后，欧洲人自己还从甜菜里榨出了糖，所以甘蔗本来巴西还有点，现在也不行了。葡萄牙当然不要封锁，英国有海军，所以跟了英国。拿破仑说，好，你不跟我，我打你。于是葡萄牙国王带着所有的王子、公主、各种各样的皇亲国戚、大臣、上流社会等15000人出海，拒不投降拿破仑，说我葡萄牙没事儿，我还有这么大一巴西，于是在英国舰队的护送下来到了巴西。巴西人民很高兴，终于见着国王了，这可从来没有过。里约热内卢就在那时候大发展起来，因为皇室要享受。

其实国王没来几年，拿破仑就已经失败了。他1807年来的，1814年拿破仑就失败了，1815年拿破仑反扑一次又失败了，就是滑铁卢战役。那时候他就应该回去了，但是他不走了，他在这里高兴，说，这儿挺好的，我就不回去了。于是拿破仑都被灭了以后，他又一直在这儿待了六年，就不回去了，这真叫乐不思蜀。葡萄牙那儿都急了，说限令国王必须得在1821年回来，最后国王才没办法了，说那还是回葡萄牙吧。

但是在这十几年间发生了一个重要的变化，这在殖民地历史上是很少很少的。巴西对葡萄牙太重要太重要，葡萄牙国王在这儿的时候，巴西人民还有议会就说，你老拿我们这儿当殖民地，咱太不平等了，你想干吗就干吗，咱能不能平等点。于是巴西开始变成了王国，这个很重要，这埋下了巴西独立的基因。葡萄牙变成了联合王国，大家知道大不列颠及北爱尔兰联合王国，就是这意思，就是我和你是平等的，葡萄牙王国、巴西王国以及另一块葡萄牙殖民地阿尔加维这三个是联合王国。所以葡萄牙也短暂地当过联合王国。

葡萄牙国王回去了，就让他的儿子佩德罗王子当了这个巴西王国的国王。这个时候巴西跟葡萄牙平等了，我也是王国你也是王国，所以当葡萄牙国王一走，马上巴西这儿独立的苗头就起来了。你想想周围所有国家都独立了，除了北边圭亚那那一点点，眼看着周围的阿根廷独立了，秘鲁也独立了，大哥伦比亚也独立了，所有这些都独立了。巴西人民说，我们也要独立。

巴西的独立跟所有拉美国家的独立都不一样。佩德罗王子其实是太子，这太子挺有意思。他爸死了以后，巴西也是他的，葡萄牙也是他的。但是他因为在巴西生活了多年，对巴西有了感情，他也听到了巴西人民要求独立的呼声。包括他的老婆也坚决支持他，他老婆是哪位呢？是拿破仑后来的老婆的妹妹，也是一位奥地利的公主，嫁到巴西来，在巴西生活了很久，也对巴西这块土地有了很大的热爱。来巴西的人通常都会挺喜欢这地方，我可能待的时间还不够长吧。于是他老婆，也就是王后，给他写信，说你一定要听从巴西人民的呼声，你一定要成为巴西的第一任皇帝。于是佩德罗王子给他爸爸以及葡萄牙王室发出了一封只有一个字的信，叫"Fico"。"Fico"的意思就是"我留下"。这封电报特别著名，到现在你问巴西所有人，他们都知道巴西独立的檄文。这檄文不像中国的檄文，各式各样的排比句一大堆，人家就一个字"Fico"，我留下。然后紧接着就发出了"不自由，毋宁死"的呼声。"不自由，毋宁死"这个传遍世界的呐喊就是佩德罗太子在巴西发出的。说实在的葡萄牙也没能力来打了，葡萄牙已经都成那样了。于是他率领巴西人民独立了。宗主国太子率领独立，这是没有过的情况。印度虽然后来地位也提高了，英王也兼印度皇帝，蒙巴顿也兼过印度的副王，但印度也没有和英国平起平坐过。包括加拿大、澳大利亚这些自治领也都没有。巴西是第一次宗主国太子率领大家独立了。

独立以后，巴西人民欢欣鼓舞，巴西本来就应该独立了，自己经济上虽然是屡败屡战，每次发财又低迷下去，但是至少在世界上是一个重要的产地，再加上巴西经过这几百年的混血，已经形成了完全的自己的民族，形成了自己的国家意识。尤其是中间打荷兰等又不停地战斗，每一次保卫自己都形成了自己的国家意识。所以一下子独立成为美洲大陆上最大的一个国家。巴西独立的时候是 1822 年，比当时才独立了大概 50 年的美国要大得多得多，大家想想巴西独立的时候基本上就现在这么大了，800 万平方公里这么大一块土地，美国独立的时候才只有东北一角的 13 个州。美国即使把到西岸打下的墨西哥等全都算上以后，也没有巴西大，直到最后花了几百万美元，从俄国手里把那么大一个阿拉斯加给买下来，面积达到差不多 900 多万平方公里，才超过了巴西。

所以巴西独立的时候是震撼世界的，它的经济也不弱，一点都不比 1822 年的美国弱。巴西经济的落后实际上是在整个工业革命起来了以后。美国紧紧跟上了工业革命，巴西还是继续搞那些咖啡之类的东西，咖啡没办法工业革命，没法用机器，咖啡必须手工，而且到现在咖啡是越手工越好，甚至被猫吃下去再从猫屁股拉出来那个更贵，所以咖啡一直得是这样。就在整个工业革命的时期，巴西没赶上，其实整个拉美都没赶上，所以巴西开始掉队了。

但是巴西在掉队的时候，自己的政体又发生了一大变革，变成了共和国。佩德罗太子当了巴西皇帝，称佩德罗一世，但是巴西人民的民族意识越来越强，就觉得你不是巴西生的，你是葡萄牙生的，你来当我们的皇帝我们心里还是有点不舒服。而且还有一个原因是，葡萄牙的王室始终都是非常非常非常反动、保守的，很多王室都开始有议会了，但是佩德罗一世到了巴西还解散了议会。议会在欧洲已经到处都是，包括拉美所有独立国家都有议会，唯独巴西没有。佩德罗一世说不许有议会，必须要独裁，实行了一大套这种制度。所以巴西人民就不干了，最后起来把佩德罗一世逼走了。

佩德罗一世回去以后，扶了他的儿子，叫佩德罗二世，当时只有五岁，就开始摄政。佩德罗二世后来当了巴西第二任皇帝，也是最后一任皇帝。佩德罗二世时代的巴西已经开始发展起来议会等各种东西。当佩德罗二世统治了巴西50年以后，到了晚年的时候，他也被放逐了。当然这也跟佩德罗二世自己的性格有关，他不像他爸爸、他爷爷那样喜欢当国王，他最喜欢的是当一个知识分子。他最高兴的事儿就是跟雨果这些欧洲大作家通信、在欧洲到处游历、参观博物馆、听音乐会等等。就是一个富N代到这儿以后变成了一个不爱治国的人，谁找他批东西，他也懒得批，他说都听议会的吧，我也懒得批了，你们想怎么弄就怎么弄吧。他其实是在巴西出生的，所以巴西人

>> 佩德罗二世

民对他还算好，让他执政了 50 年，最后也没有特别特别不给面子，没有在他还在里约热内卢的时候把他轰走，而是趁他在欧洲玩的时候，就在 1888 年，巴西人民让他当时摄政的、充满了先进思想的女儿，趁她爸不在的时候签署了法律，废除了巴西所有的奴隶制。然后他也没回来，巴西人民就说那你就别回来了，我们现在要效法所有我们周围的拉美国家，变成共和国。拉美国家独裁也是总统或者军人独裁，也不是国王，所以在 1889 年，巴西的旗帜升了起来。

巴西这面旗帜是全世界最难懂、最难画的旗帜之一。我觉得巴西小学生特倒霉，像咱们的小学生画国旗很容易，五颗星画完了，剩下的地儿都涂红就行了。巴西的国旗非常复杂，有 27 颗星，上面还有一句话，写着"秩序与进步"，然后还有天空、绿地等，含义很深刻。但是最有意思的是这个图是

》巴西国旗

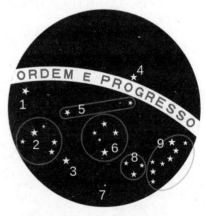

》巴西国旗上 27 颗白星象征著国家内 26 个州与 1 个联邦区

从哪儿来的呢，别的国旗都是设计的，巴西这面国旗是它废除帝制的那一天1889年的11月15日（为什么记特清楚？因为是我生日的第二天）早晨8点50分朝里约热内卢的天空拍了张照片，然后就说这就是我们巴西的国旗，就是把那照片给印国旗上了。当然这27颗星也有寓意，因为巴西26个州再加上一个特区，一共27个行政体。但是27颗星的排列完全就是那天早上8点50分里约热内卢天空星星的排列。这面旗帜终于升起来了。

巴西共和国成立以后的历史我就不多讲了，因为跟拉美差不多，就是军人独裁——左派上台——军人独裁——左派上台这样反复，巴西基本上也是经历了这些东西。所以颠沛流离，说实在的想起来扼腕浩叹，这么一个上帝眷顾的土地，不停地在摇摆。

大家都说巴西从来没打过仗，从来就是靠足球跟人打仗等等。其实也不是，巴西打过那么三仗。其中第一仗就是独立的时候，跟阿根廷争夺乌拉圭。乌拉圭在巴西跟阿根廷之间，但是它的位置特别好，是大河口。乌拉圭的蒙得维的亚当时被叫作拉美巴黎，是非常富裕的一个地方，而且都是白人。巴西跟阿根廷为争夺这地方打仗，打得最有意思的是，两边打着打着就懒得打了，因为这两个民族都不善于打仗，于是两边打着打着都没劲了，说咱两个也别打了，干脆也不归你，也不归我，让它独立了算了。所以乌拉圭短暂地归过巴西，又短暂地归过当时以阿根廷为首的南美合众国，之后就独立了。巴西打过这么一小仗。

第二仗，拉美出来一疯子，拉美经常出现疯子，这疯子叫洛佩兹，是在巴拉圭出现的父子独裁者，洛佩兹一世就是一个大独裁者，而且实行极为残暴的统治，洛佩兹二世继位了以后也是这样。于是巴拉圭就开始来劲了，想

》卡洛斯 – 安东尼 – 洛佩
兹 (1792—1862)

》弗朗西斯科 – 索拉诺 – 洛佩兹
(1827—1870)

吞并乌拉圭。这时候大家都不干了，于是巴西、阿根廷、乌拉圭一起组织了一个南美联盟，三国一起打巴拉圭。这个仗打得比较残酷，因为巴拉圭这独裁者是疯子，他不像有理智的人，像南美战争的时候，美国南方打输了就投降，也不打游击，打游击整个国家都祸害了，所以罗伯特·李将军说我们投降，我们不打游击，我们还是一个国家。

巴拉圭这儿不是，说我们打败了必须要打游击，于是就打游击，打到山里头每一个地方，巴西、阿根廷、乌拉圭，尤其巴西，那人最多，相当于去剿匪，于是把巴拉圭的人口打掉了一半，巴拉圭能参军的有 30 多万的男人壮丁，最后变成只有 3 万男人。这场战争之后，巴拉圭很长时间内实行一夫多妻制，因为男的都快打没了。所以巴西打过这么一仗，当然这也不叫硬仗，因为主要就是剿匪，而且巴西、阿根廷、乌拉圭一块打巴拉圭，基本上就跟巴西足球队、阿根廷足球队、乌拉圭足球队组成一队，一块跟巴拉圭队踢差不多。

巴西人民觉得比较骄傲的一仗就是二战的时候。之前讲拉美的时候稍微提了一句，拉美在一战、二战确实丧失了很多机会，就是所谓的战争红利没得到。巴西也是，巴西到二战的时候出现了一个严重的问题，什么问题呢？巴西在 1888 年废奴以后，吸引了大量的移民来。最大的三股移民是德国人、意大利人、日本人，光日本人就来了 130 万。讲到这儿就跟大家多说一句，巴西几乎是最后一个废除奴隶制的大国家，我没考证过非洲或者是密克罗尼西亚之类的地方还有没有维持奴隶制的国家，我不敢说很严谨，至少在我们能看到的、在这个世界上的主要国家里，巴西是最后一个废除奴隶制的。大家想想 1888 年都已经是什么时候了？差不多在一八一几年到一八二几年的时候，拉美国家都独立了，然后在几十年里纷纷都废除了奴隶制，美国的南部保持奴隶制一直到一八六几年，那已经是在全世界很晚很晚的了，所以美国南北战争才有那种道德优势感，说你居然还保留了奴隶制，我们要讨伐你，于是 1863 年林肯发布《解放奴隶宣言》。

跟大家说一个历史上很少讲到的有意思的事儿，就是南北战争南方战败，美国废除奴隶制之后，南方还有一大堆不屈服、愿意保持奴隶制的人，坚决不向北方投降，当然南方人本身看不起北方人。于是南方那些白人奴隶主甚至带着一部分奴隶逃离了美国，逃到了当时世界上仅剩的还有奴隶制的一个大国，就是巴西。这些人逃到巴西，人数多到什么程度？南方这些奴隶主带着奴隶在巴西北部甚至成立了一个流亡政府，成立了一个小小的国中国，他们在那儿继续实行奴隶制。可见巴西废除奴隶制之晚。1888 年巴西废除奴隶制，于是短暂存在于巴西北部（离美国比较近）的美国南部这些奴隶主们也没地儿待了。

但是巴西废除奴隶制以后，没有劳动力了，祖祖辈辈被禁锢在大庄园里的奴隶们都不种地了，就冲向了里约热内卢，冲向了圣保罗，冲向了萨尔瓦多，于是就出现了今天大家看到的大量这种贫民窟等等。巴西当时还没有什么工业，长时间都是种植业，有的是地，但是没有农民、没人种了怎么办？于是就向全世界发出各种各样的邀请，邀请全世界的人来巴西种地，说我们这儿有地，我们这儿种什么长什么。结果所有人多地少的地方的人都来了，来的移民很有意思，就是他在本国住在什么样的气候里，他通常到这块大陆就到什么样气候的地方去。大家知道黑奴集中在北美洲的南部和南美洲的北部，因为那地方热。欧洲来的人，比如说德国，比较凉快，他到了南半球当然就到南部来，因为南部比较凉快，所以你看圣保罗周围有很多很多德国移民的地方。意大利来了很多人，葡萄牙就不说了，本来也没几个人，然后西班牙来了一些人。

更有意思的是，1868 年日本开始明治维新，开始打开国门，跟全世界来往，要脱亚入欧，走出去了大批的移民，上南美。当然也是为了生活，这儿地多，日本人民又勤勉。结果 100 多万人到了巴西，在巴西种地。我们在圣保罗还看见过一个专门纪念日裔移民在这里奋斗求生的博物馆，我们进去看了，看的时候还挺感动，日本移民到这里下船的时候一句葡萄牙语都不会讲，他们不像来这的意大利人、西班牙人，哪怕是德国人，语言差不多都有点像，还能看懂几个词。日本移民来到这里奋斗，就跟在美国的日本移民对祖国的态度一样，第一代爱国，第二代就为美国战斗去了。我们还看到那个日本移民纪念馆里展出的，二战的时候，这儿有很多日本移民，就像咱们的东南亚华侨回国参军、报效祖国一样，决死报国，回到日本去替日本战斗。

那时候的世界格局开始进入了天翻地覆的变化，所以才有了后来的一战、二战。1888 年以后，在欧洲、在中东等地方出现了大量的排犹，以及各种各样的种族问题、宗教问题。所以大量的人跑到这儿来，其中我一点都没想到的一件事是，我看了一个资料，以及问了巴西当地人，这里居然有 700 多万黎巴嫩人，大家知道黎巴嫩是夹在叙利亚和以色列中间一个特别特别小的国家，大概黎巴嫩的总人口才 300 万人，但是有 700 万黎巴嫩人到了这里。我觉得这个很有意思。我猜大概的原因是黎巴嫩是极少数在中东信天主教的国家，中东从大概 19 世纪下半叶开始，出现大量的种族、宗教问题，所以黎巴嫩一个天主教的国家在中东待不下去了，大量被排挤到这里来。

黎巴嫩为什么信天主教？十字军多次东征，打胜的时候占领了耶路撒冷，打败的时候就回去了，但是也有这样的时候，就是打败了的一些伯爵、侯爵等不回去了，为什么？这就好比我在西欧打架，人家把家里的儿子、孙子、丈夫都交给了我，到这儿来跟我一起，我跟人家许诺说来这儿抢金银财宝，结果啥也没抢到，大家都死在这儿了，我回不去了。就跟包工头带着人到北京来，最后到春节的时候没薪水回不去了。回不去怎么办？这些人就跟萨拉丁大帝乞求说，我也不跟你打了，你就留我在这儿，给我一小块地，让我们这些天主教徒在这儿生活吧，那个时候的阿拉伯世界非常宽容，萨拉丁大帝就说，那你们在这儿生活吧，给了他们几个小城，就是后来大概黎巴嫩这一块地方。

天主教教徒其实在那儿跟犹太人、阿拉伯人非常和平地相处了好多个世纪，但那个时候被排挤，有700万黎巴嫩人来到这里，黎巴嫩本土只剩300万人。紧接着就开始排犹，大量的犹太人又跑到巴西来，那么多跑到这里来的犹太人里，其中最最著名，也是我本人非常热爱，也是让巴西第一次在全世界被很多人认识的一位，就是茨威格。

大家记得我在整个做了两年多的脱口秀节目里，几乎很少向大家推荐书，因为我不知道要推荐哪一本书，但是只有一本我觉得极好极好、马上就

》茨威格在巴西彼得罗波利斯的住处

能推荐的书，就是茨威格的《人类群星闪耀时》。

茨威格就是当时被排挤到这里来的犹太人，是因为二战前纳粹排挤、迫害犹太人，很多犹太人逃到了美国，逃到上海、逃到南美等等。逃到美国的犹太人中，科学家都混得特别好，经济学家都混得特别好，他们可以在大学里教书等，但是据统计诗人、作家大量地自杀。因为科学无国界，经济学也可以无国界，但是作家一定要用自己的语言来写作，对中年作家来说，换了一个地方他怎么才能开始学起那语言。所以在美国的犹太作家、诗人很多都自杀了，包括来到南美的茨威格。

茨威格是 1942 年在巴西自杀的，作家的心灵都是比较脆弱的，但在茨威格死之前的 1941 年，他出版了一本书，叫作《巴西：未来之国》，大家有空可以看看。但是那本书应该说非常不客观，因为作家或者诗人去描述一个地方的时候，跟他自己的心灵有很大的关系，就相当于印象派画家画的是他自己心里的印象，你说这地儿是不是真这样，不知道，我心里就觉得是这样。由于在欧洲备受迫害，来到这里看到了一个自由之国，看到了一个地大物博、还算平等、人们都很温和的国家，所以他对这块土地充满了热爱，于是那时候写了这本书，这本书把巴西描绘得简直像天堂一样，对巴西的未来也充满了各种各样的期许。最终还是因为作家本身的问题，一个德语写作的作家来到葡萄牙语的国家，终究是没办法，最后茨威格也自杀了。

作家自杀了是因为语言问题，但是另外一票艺术家生存下来了。这票艺术家就是画家，画家没这个问题，画家走到哪儿都没问题。我去了著名的圣保罗艺术博物馆，里面有大量我在画册上都没见过的画，比如凡·高的画，我那么热爱凡·高，在这里看到了我在画册上都没见过的画，还有塞尚的画、雷诺阿的画等，都是在画册上都没见过的，看得我简直疯了，在里头流连忘返，看了一大堆。大家说世界上这博物馆那博物馆，南美还是缺乏话语权，其实在里面有很多好的画，看起来也花了不少钱才有这些画。但是紧接着走到下一个厅，是本土画家厅，我非常地吃惊。为什么呢？我从来没见过一个国家的本土画家要在后边写一个括号标明这个画家是从哪儿来的，这明明就是巴西画家，这儿却一定要说这画家是从哪儿来的，这给了你特别大的启发，你可以看到画风画派的不一样。巴西本土画家里大概有三分之一是从日本来的，日本有强大的绘画和艺术的基础，然后有很多画家从西班牙来，甚至有些画家从德国来等等。但葡萄牙很少有建树，它在这儿做了这么多年宗主国，我们在这里好像都没看见有哪位画家是来自葡萄牙的。

大家想想看，德意日这三个国家说起来特别顺口，为什么？它不就是二战中法西斯的三个轴心国嘛！大家一想，这三个轴心国是这里最大的移民，20世纪初的时候，来了大量的移民，而且还都是第一代和第二代移民。圣保罗这个城市1870年的时候才3万人，1888年废奴以后，大批的移民来到这里，所以大家看到这里的人比较白，北部的人比较黑，当然那儿可能比较热，但是这儿有大量的德意日移民。在圣保罗市里面，日裔的移民比华人要多得多，这儿的日裔移民都不能叫移民了，成了这里的主流民族之一了。所以在巴西最发达的地区，德意日移民占了数百万之多。当二战打起来的时候，以及二战前大家剑拔弩张的时候，亲德的在巴西政府里占一大势力，希特勒也很高兴，说打起来了以后，这拉美第一大国巴西还能帮咱们。这有点像一战的时候，墨西哥也有很多德裔移民，美国向德国宣战的一个重要的理由，就是截获了一封德国发给驻墨西哥大使的电报，上面说如果墨西哥跟着德国打赢了，就把得克萨斯、亚利桑那和新墨西哥三州的土地还给墨西哥。

所以美国对拉美这些亲德势力特别警惕，尤其是罗斯福，虽然没参战，但罗斯福肯定是倾向于英法的。罗斯福就开始派人来跟巴西谈，说你怎么回事，你要干吗，你这里德意日移民这么多，你是不是要跟德国走？巴西态度特别暧昧，就说我不知道，我不表态，表面上说中立，其实是跟德国关系特别好。战争之前大家剑拔弩张的时候，美国说我卖你武器吧，德国也说我卖你武器，最后巴西政府决定不要美国武器，从德国最大的军火公司克虏伯公司买了5500万美元的大量的武器，5500万美元在那个时候是一笔巨款。

这一下美国惊了，说在我屁股后头有这么一个德意日移民这么多的巴西要参加轴心国，这可不行。所以美国最后派马歇尔恩威并施，首先就说我们已经制订好了登陆巴西的计划，你只要敢听德意日这三国的，我们美军立即在巴西登陆，征服你，你敢不敢。那时候巴西还不是民主政府，巴西是一会儿选举一会儿独裁，那时候是个独裁者统治。

跟所有的战争一样，德国还是被封锁在欧洲大陆，德国海军出不了海，还是英国海军厉害。一战的时候，德国的舰队出来袭击商船，英国舰队因为太强大，在整个大西洋围剿德国舰队，最后把德国舰队一直追到马岛，憋在马岛斯坦利港里打。二战的时候也是，德国分舰队在大西洋上搞破袭战，最后英国舰队追着德国舰队一直追到巴西鼻子底下的乌拉圭蒙得维的亚港，一直把德国舰队围在里面打，德国舰队为了不投降，就在港内待着，乌拉圭说我是中立国，你快出去，要不英国舰队开炮了。德国舰队才开出蒙得维的亚港，全体自沉在这大河里面。所以巴西一看说，这德国虽然是跟咱亲，但是德国出不了海，也离得太远，而且英美海军太强大，最后跟美国说，好吧，那我跟你吧。

>> 巴西远征军的军徽

在地图上看，巴西是拉丁美洲撅出来的一个屁股，这个地方建的空军基地、海军基地对控制大西洋，包括登陆非洲等有重要作用。所以美国在巴西的东北部建了军事基地，给了巴西大量的援助，巴西最后组成了一个师（本来想组成三个师的），就是远征军第一师，开到了意大利战场，有意思的是，到现在跟巴西人民说巴西远征军的军徽，巴西人民还都知道，上面画着一个抽烟斗的眼镜蛇。这个很有意思，因为希特勒本来以为巴西是跟自己的，知道巴西跟了同盟国以后，希特勒哈哈大笑，说巴西这国家要是能打仗，眼镜蛇就能抽烟。希特勒的原话就是这么说的。

》福熙号航空母舰，是法国克里蒙梭级航空母舰的第二艘，以法国著名将领福熙元帅命名，于 2000 年 11 月卖给巴西海军，改名为圣保罗号。

巴西就为了争口气，说，好吧，希特勒，你既然这么说，我们就请一位漫画家，画一个眼镜蛇抽烟，贴在我们胳膊上，跟你打去。请问是请哪位画的呢？就是著名的迪士尼，画米老鼠的那位。于是犹太人迪士尼先生给巴西远征军画了这个军徽。

巴西军队上了前线，当然也没有去德国打，因为确实不太能打，所有不太能打的都上意大利打去，所以在意大利前线，巴西军队跟着一堆英联邦军队，什么加拿大的、澳大利亚的军队打。所有这些前线硬仗都是美英军打，东线是苏军打，西线是美英军打，意大利这块巴西打。但是巴西好歹打了一两个小硬仗，其实也没有特别的硬仗，但是巴西人民宣传的时候说我们打了两个硬仗，歼灭了德军一个营什么之类的，总而言之参加了二战。

一共就打了这么三仗。但是，由于国家毕竟大，经济实力毕竟也好，巴西今天的军队依然是拉美最强的军队。巴西一直有航空母舰，这可比我们早了好几十年。先是一艘英国退役的二战时的航母，紧接着现在有一艘法国退役的航母，法国是有了核动力航母戴高乐号以后，退役了自己的克莱蒙梭级的福熙号，这福熙号当时与很多国家都谈过，这艘退役航母是有正经弹射器的，是能起飞固定翼飞机的。我国航母现在还只是滑跃起飞，因为弹射器技术是比较高端的技术，我们还不掌握这技术，因为俄罗斯也不掌握这技术，乌克兰也没有，所以我们的航母还是滑跃起飞，巴西是弹射起飞的。

巴西有 20 多年军人执政时期，一直到 1985 年军人执政才彻底结束。巴西比较幸运在哪儿？没有一个特强的军人独裁很多年，这军人之间我来两年，你来两年，甚至有来一年的，大家来回来去传。而且巴西的军人也没有那么那么恐怖，大家知道巴西最后一次军人独裁这 21 年里，大概一共杀了 400 多个持不同政见者，对比一下隔壁，阿根廷军人独裁时代杀了 3 万多阿根廷的左翼人士。

巴西比较幸运，军人没那么狠，而且还有好军人，就是军人独裁的最后两位，说传给你了，这哥们儿说，好，我来，他其实心里已经想好了，说我还是还给巴西人民吧，别被钉在历史的耻辱柱上，或者哪天叫人逼宫进来打死了。于是他就开始推行民主化、开放报禁、开放党禁等等。他再传一个，最后一个军人也是一个好军人，当然他传的时候就力排众议，说我就要传给他，因为他知道这个人一定会让巴西还政于民。所以巴西从 1986 年开始民选了，终于回到了民选。民选大家都比较了解了，卡多佐（巴西前总统），经济学家上来了，开始发展经济，紧接着左派农民出身的卢拉上来了，现在的女总统就是卢拉的信徒。在军人独裁的那21年里，经济发展得不错，就像我讲拉美的时候讲的，皮诺切特时期，智利经济也发展挺快，军人能集中精力办大事。

巴西就不停幸运地发现钻石啊、橡胶啊、棉花啊等，后来又有什么幸运发现了？大铁矿。这个观众们应该都比较了解，全世界最大的铁矿在巴西，中国人民最熟悉的一个巴西公司就是淡水河谷，因为大家经常看到新闻里说淡水河谷公司出口铁矿砂又成什么样了……最主要进口铁矿砂的现在就是中国，现在中国跟巴西联合起来，原料从巴西运出来，在中国加工，然后卖给全世界，形成了这样的一种模式。所以巴西永远这个没了有那个，那个没了有这个。

巴西一直干一件事，在西方国家，经济学家老也不理解，说把所有鸡蛋放在一个篮子里，就是单一经济，但是巴西一直都这么干的，而且巴西还行，因为鸡蛋没了有鸭蛋，鸭蛋没了有鹅蛋，哪怕最后有鹌鹑蛋，反正这篮子里老有蛋。

现在巴西又发现了一个鸵鸟蛋，最大的一个蛋，是什么呢？石油。巴西这么多年来被人说地大物博，但是缺两样东西，尤其是工业革命时期巴西为什么落后了，巴西没有煤，到现在也没有煤，巴西那时候汽车恨不得就烧木头，因为木头多，到处都是木头。在工业革命时期没有煤可太倒霉了，工业革命的一切就得靠蒸汽机，所以巴西得进口煤，拿那么多产品去换煤，所以它的经济就很吃亏很吃亏。然后煤之后就是石油的时代，整个20世纪经济大发展跟石油有最大关系，巴西又没石油，巴西为了自己能替代油，最后做到什么程度？在亚马孙森林大面积地砍伐树，种玉米，从玉米里榨油，都到了这种地步，思想也很简单。美国至少还想出通过海藻，海是无边的嘛，生产海藻油，这巴西就愣砍树种玉米，从玉米里榨油，最后发现成本之高没法承受，而且对环境的损害又是巨大的。结果现在有石油了！巴西现在发现的石油的储量排世界前十名，可见上帝对巴西这块土地简直太宠爱了。

巴西在二战的时候获得了一点点红利，是什么呢？美国不是让巴西跟它吗，巴西就跟美国说了一个条件，说你光给我武器没用，武器没办法发展经济，我可以帮你打，条件是你帮我建钢铁厂，所以当时罗斯福就同意了，罗斯福和巴西总统还曾经见过面，罗斯福为了整个反法西斯联盟到处跑，跟蒋介石也见过面，跟丘吉尔见过好多面，跑到巴西跟这巴西总统也见过面，最后罗斯福拍板说帮你们援建钢铁厂。所以在二战的时候，巴西开始有一点点钢铁工业，到了军人执政时期，军人就把重工业发展起来了。

到现在，大家听说巴西的还有几件事，一个是巴西的航空制造业非常发达，巴西的飞机公司仅次于波音、空客，排世界第三，大量的国家，包括美国、英国、法国，都有巴西的支线客机，当然巴西产不了像波音、空客那么大的远程客机，但全世界大量的支线客机是采购巴西的，包括中国也有，我还坐过。巴西产低端的攻击机、教练机，甚至美国、英国、法国都买过，因为它便宜。所以巴西飞机制造业在军人执政时期发展起来了。

军火工业巴西排在世界前列，巴西是全世界少数能独立研制主战坦克的，而且还能出口。两伊战争的时候，巴西也发了点小财，因为西方国家老有一种正义感，说咱们不许向它出口武器，巴西说那我来，出口坦克、装甲车等等。巴西几乎能生产全套的重型的装备，陆军的坦克、装甲车、大炮、导弹，空军的飞机、导弹，现在还能生产潜艇，而且巴西现在还在搞核潜艇，虽然不搞核武器，整个拉美都不搞核武器，但是能搞核潜艇。这些重工业基础都是军人执政期间给留下的。

巴西现在的经济也终于开始了多元化的发展了，从数据、各方面看，那么严重的通货膨胀抑制住了，各方面比较稳定，金砖国家也加入了，在全世界也有一点点小发言权了，也从一个大的借债国变成到现在还能给国际货币基金组织（IMF）、世界银行等这些组织输点血。以前整个拉美，包括巴西都是负债累累，被IMF逼着说，你得转型，你得这样那样，甚至我替你制定经济政策，你得废除这货币弄那货币等，但是那都过去了。巴西当然也想当大国，想当大国就不光是武器的问题，还得在全世界做点贡献，那就出点钱吧，像日本、中国现在都是出大笔的钱给全世界，说你们来用吧，援助你们。巴西现在也是这样。

虽然到了这个地步了，但是我还是要说，就以我在这儿的观察，以及粗看巴西的历史，觉得这个民族还是踢球、跳舞等是最擅长的，其他的地方我觉得未来可能会被中国拉得越来越远。

拉美文学家产了一堆，但很少产哲学家，巴西尤其不产，巴西没有文学家，没有得过诺贝尔文学奖的或者我们知道的大作家，像阿根廷的伟大作家博尔赫斯虽然没得过，但是我们都知道他。我们跟巴西人聊，巴西人说，我们好像有一个作家，他有好几个小说改编成电影，名字我也忘了……总之确实不产这个，这里的人不爱思辨，不去追求深意，不像我们中华民族什么事儿都要去想想，此中有深意，此中有禅意，此中有道……

　　"禅"这个字在巴西也能看见，就是"Zen"，当然这里看到的"Zen"全是按摩院。但是我稍微想了一下，就是咱们诸子百家时代的老子其实推崇的就是这样一个生活，大家不想什么深意，师法自然，怎么自然怎么来，今天想跟你睡觉跟你睡觉，明天不想管事了就不管了，今天发财了穿绫罗绸缎，明天没有了吃蚂蚁。大概最后老子发现，自己这思想在中国一点也没被执行，中国什么事儿都要想很久，弄很久，有复杂极了的潜规则跟深深的含义，但是在巴西这儿好像有点那意思。大家回想一下巴西的历史，殖民史也好，军人独裁史也好，其实能回答老子，老子要是活到今天，会发现，曾经师法他那想法的这块大陆自然最后被人欺，自然最后被殖民，自然最后被独裁。

　　我们在巴西还想到一个问题，包括整个拉美都是这个问题，就是这么爱自由的一个民族，不停地被人家殖民、独裁，到今天其实还有种族、左翼右翼各种各样的问题，所以老子的理想不但实现不了，而且还有这个问题，就是老子那个自由的理想到底应该怎么来实现？什么才能保卫这块土地上的民族自由？枪能保卫自由吗，钱能保卫自由吗，或者自由本身能保卫自由吗？自由本身保卫不了自由，巴西就是一个明显的例子，他们都自由，每一个人都是自由的，但是没能保卫自己国家、民族的自由。北美倒是一直自由，北美最有意思的是，美国43个总统，30个是军人，但是一次独裁都没出现过，这完全跟这儿不一样，那北美的自由又是靠什么来保证的呢？制度吗？那这里也都实行过民主制度，又被军人推翻，今天的民主制度也是跟北美完全不一样的那种贿选、贿赂，今天虽然不独裁，但是贪腐非常严重。那到底是什么来保卫一块土地上的人民的自由？我觉得这个是我们看了巴西以后需要仔细去想的问题。

　　巴西终于跟大家聊完了，虽然只是草草地走马观花，但是我希望跟大家分享更多的不光是这样或者那样的奇闻、观感，更多的是我们自己怎么看这个世界。

**Q**：华人在拉丁美洲的地位怎么样?

**A**：应该说不错。最重要的是什么呢? 因为这里完全是种族融合的大地，这块大地什么样的种族、什么样的人都有，不像一个全是白人的国家会说你是一个少数民族等等。美国是移民国家，华人地位已经很高了，但是还没有在拉美高。在拉美，亚裔都当过两个总统，其中包括一位华裔、一位日裔，大家都知道秘鲁前总统藤森，后来他因为贪腐跑回母国日本避难去了，秘鲁人选藤森当总统。华人在拉美是当过总统的，就是圭亚那总统钟亚瑟，一位祖籍广东的华人。华人在全世界除了新加坡以外，当到最高最高官位的就在拉美，所以可见拉美对华人也好，亚裔也好，对各个种族也好，是非常没有问题的。

》钟亚瑟

**Q：** 拉美人民是怎么看待美帝的?

**A：** 这个很有意思，美国是对拉美影响最大的国家，因为拉美是美国的后院，这是美国人自己觉得的。应该这么说，你看到想到美国拿绿卡的最多的西裔移民都是拉美来的，墨西哥的、中美洲的等，那你说大家都想去拿绿卡，他是不是喜欢美国呢？可是拉美的各个国家现在都是左翼政府执政，左翼政府都是以反美为口号的。我自己的理解应该是这样的，对拉美人民来说，你要给我一个绿卡我当然愿意去，作为个人来说，美国有更好的生活，对年轻人来说，美国有更好的电影、音乐等，他喜欢。但是一旦说到国家跟国家这件事，我猜没有几个拉美人民愿意当比如说墨西哥的"墨奸"，或者巴西的"巴奸"、阿根廷的"阿奸"，为了美国出卖自己祖国，那不会。拉美人民个人愿意去美国，其实中国也一样，在中国说给一个美国绿卡，大家也愿意去，但是说跟美国干起来了，那大家也都爱国，其实全世界差不多都是这样。就像俄罗斯年轻人说，我喜欢美国电影，我喜欢美国音乐，但是如果跟美国干，我也要去跟他干一下。

拉美大概也是这样，比如说举个特别明显的例子，墨西哥左翼政府上台把美国的石油公司收为国有的时候，美国陈兵墨西哥边境，给墨西哥强大压力，说你敢把我的石油公司收为国有，美国连水果公司都能欺负你，更别说石油公司了。墨西哥人民众志成城，墨西哥城的妇女在首都的广场上彻夜排队，捐出自己的结婚戒指、捐出自己的金银首饰，说我们来赎，我们就是要国有化，你美国人欺负我们，那我们来赎美国的石油公司，把它变成我们的国有化。国家没钱、政府没钱，那我们捐。墨西哥人可是最爱偷渡到美国的，但这种时候，墨西哥人民拿本来能偷渡的钱捐给政府，说我们一定要把公司收为国有，因为这是我们国家独立自主的标志。我觉得从这件事就能看出拉美人民对美国的态度，这也是在拉美这么多国家左翼政府能上台的原因。

# 第八章

# 南明悲歌 ①
## 臭知识分子亡国

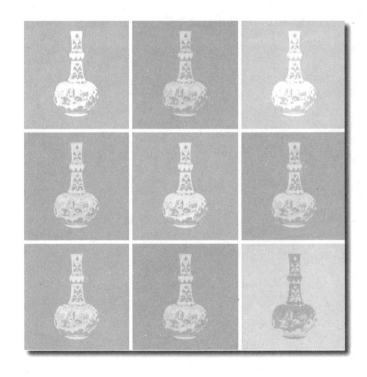

一个起义要成功我觉得有这么几个要素：当然首先是军人，因为开创朝代，打仗还是最重要的；然后是君王、知识分子。》》

　　在之前聊中国古代的时候，多次提到明朝，因为我本人对明朝不太喜欢，导致了跟明粉们有好几次辩论，但是都没有展开，那时候就开始预告说我们要聊一聊明朝的事情。所以今天开始要用几期的时间跟大家聊一聊南明悲歌。

　　为什么要聊南明呢？因为整个明朝太长了，咱要聊明朝，这一季就不说别的了，《明朝那些事儿》这么厚，七大本，当年明月这位优秀的作者，是我非常好的好朋友，经常坐在一起谈史论道，幸好他给我留了一个尾巴，他这个《明朝那些事儿》只写到崇祯皇帝自尽殉国，之后就没再写，所以我来跟大家聊聊后边的事情。南明呢，当然明粉们都了解，但是大部分人说到南明好像得稍微想想。东晋大家很熟悉，南宋也很熟悉，南明时间实在是有点太短。

东晋还坚持了100多年，南宋坚持了150多年，南明在整个中国的历史里大部分时候就不太讲。

网上有一个特有意思的视频，就是老美都知道怎么背中国历史，用《两只老虎》的调子唱："商周秦汉，商周秦汉，隋唐宋，隋唐宋，元明清Republic，元明清Republic，毛泽东，毛泽东。"大概一数出来就这些，小的呢，东晋因为出现了大量的大名士，也出现了名将，出现了淝水之战这样的战役，所以能被大家记住。南宋就更不用说了，有岳飞、有秦桧、有韩世忠，有梁红玉击鼓战金山，有评书、有戏曲等，大家都记得南宋，"暖风熏得游人醉，只把杭州作汴州。"但是南明呢，由于时间太短，除了一些忠臣烈士以外，说实在的又没有出那么多有名的人，我觉得可能"秦淮八艳"还更有名一点，所以谈论的人比较少。

今天就跟大家聊聊南明，而且要聊聊为什么当时全世界最强大的帝国十几年的时间就彻底地被灭国了。大家看地图其实都能看出来，当时南明所处的环境比东晋和南宋都还要好。因为对东晋来说，五胡乱华以后，不管匈奴也好鲜卑也好，都是非常强大的，大家记得符坚率87万大军意图消灭东晋，就是淝水之战，那都非常强大；南宋就更不用说了，最后是被蒙古帝国灭掉了，蒙古帝国当时是从波兰多瑙河畔开始，一直打到朝鲜松花江畔，全世界谁也打不过它，最后南宋被灭掉了。但是南明面对的是什么呢？南明面对的也就是一个全部人口才有几十万人的满族，当然那时候没有详细的人口调查，有人说30万，有人说40万。人口虽然没有详细调查，但是军人是有详细统计的，因为军人是有编制的，那一共才有多少满族的兵呢？一共才6万满族兵入关，灭掉了拥有上亿人口的、全世界最大的大帝国，而且只用了十几年的时间，这是为什么呢？所以要跟大家聊聊我觉得有意思的几个点。当然我们不按编年史那样一年一年聊，那就成讲课了，没意思，有的是历史老师，我就讲讲我觉得有意思的那么几个值得思考的点吧。

**1644 年 11 月的形势**

————▶ 清军进军路线　　● 江北四镇的辖地

》1644 年南明形势图

　　首先一个就是，南明面对的除了这 6 万满族兵以外，大家还说，李自成强大，李自成逼死崇祯皇帝，是李自成灭了明朝。但李自成没有灭明朝，李自成只是把北京攻陷了，李自成当时所占的地方也就是从西安出发路过大同，从北线，就是今天的 108 国道，这么过来，打破了居庸关，占领了北京，也就是那么一小块地方。说实在的，李自成打的范围还没有唐朝时候的黄巢大，黄巢还曾经打到江南、南方，又打到北方去等等。而且李自成也不是个真正雄才大略的、能建立真正的王朝的那种君王。

大家知道农民起义是咱们的历史课本里最爱讲的，各种各样的农民起义在我们的历史课本里都是好的，甭管吃人的黄巢还是杀人的张献忠，只要农民起义就是好的，因为反对封建社会嘛，这个咱们就不多谈。但是不管好坏，大家想想我们这么悠长的历史里，真正能建立大王朝的农民起义也就是刘邦和朱元璋两位，刘邦建立了强大的汉朝，持续了400多年，朱元璋建立了还算强大的明朝，持续了200多年。为什么这两位成了，而其他的人都没成？我个人的观点说出来跟大家来商讨，我觉得一个最重要的原因是，这两位的身边都有强大的知识分子团体。因为农民起义不光是打打杀杀，不光是杀官放火，不光是抢抢东西、打打土豪，农民起义能建立王朝最重要的是，在这位君王身边有一群高瞻远瞩、有理想、能治国的知识分子群体。刘邦身边，大家知道有萧何月下追韩信，有张良运筹帷幄之中；朱元璋身边，各种戏曲里也都唱着，有刘伯温、李善长等一大群知识分子。所以他们成功了，建立了强大的王朝。李自成身边就只有两个好歹能算知识分子的，就是一个考上举人的牛金星和一个秀才都没考过的河南算命的宋献策。李自成身边为什么没有什么好的知识分子？为什么知识分子在他那个群体里没能建设一个大帝国呢？为什么我说李自成根本不足为虑，就是个流寇呢？

这个稍微跟大家多说两句，我觉得整个知识分子在中国历史上的地位，以及知识分子的追求，从有记载的知识分子们开始，可以总结成三起三落。如果我能穿越，我最想去的几个时代，其实就是这"三起"的时代，就是我觉得知识分子最美好的时代。一个就是春秋战国时代，春秋战国时代是知识分子最美好的时代，那个时候的知识分子可不是皇帝的奴才，也不是随随便便能叫皇帝打屁股的，更别说叫太监打屁股了，像明朝知识分子随便就被拖出去打屁股了，而且还被太监迫害等等；清朝就更不用说了，那都是奴才……春秋战国时代的知识分子跟君王之间是什么关系？叫作师友臣的关系，就是我是你老师，我是你朋友，我如果愿意帮你，咱们两人说好了签一个合同，我就是你的臣，但是我是你的臣也不是像后来那种我要全家都为你一块死去等等。师友当然地位很高了，即使是臣也是不召之臣。不召之臣是孟子说的，孟子说，伊尹对商汤，管仲对齐桓，这都是不召之臣，不是你召之即来挥之即去的，我是你的客人，你得把我请来好好地辅佐你。今儿你迟到了你没来，明儿我也可以迟到我也可以不来，大家非常平等。孟子没事儿就跟齐宣王、魏惠王聊，还不是一个王，在这儿跟你聊会儿，在那儿跟他聊会儿，你说错了还要抨击你一会儿、挤对你一会儿、教育你一会儿，就到这地步。诸子百家也是，这个家那个家的，被哪个君王看上了，那也是契约关系。就跟今天似的，我来求职，你要用我就用，你不用我我去别的君王那儿。一个君王都不要，那我收一帮学生，就是孔子，我也到处跑，到处宣扬我的思想。那时候儒家忠孝这些东西也就是一家之言，诸子百家还没有到怎么怎么忠于君王，为了君王你就是我天、你就是我地那个地步。那时候的知识分子胸怀天下，对于一国、一城、一池、一个君主、一个君王没有那么多的忠诚，"布衣立谈成卿相"，就是穿上布衣我什么都不是，我站那儿跟你聊会儿天，你就拜我当卿相，是那种美好的时代。所以我说我要穿越首先要到那个时代。

那个美好的时代之后，紧接着就是知识分子的浩劫，从秦开始，焚书坑儒，书也焚了儒也坑了，秦朝以军事强大的帝国起家，那知识分子的地位就一下子一落千丈，因为它不是靠治国、仁政等，就是靠军事能力强。秦汉实际上是一个体制，汉是继承了秦制，到汉朝也是，知识分子地位大家看司马迁就知道了，世代大知识分子，就因为为李陵说两句好话，结果就受宫刑，知识分子已经开始被宫刑了，春秋战国的时候谁也不敢对知识分子这样。汉朝也是军力强盛的朝代，知识分子地位在慢慢下降，越来越差。到了魏晋时代，大家知道曹操连孔融都敢杀，孔融可是孔子的直系后代，是大名士。说到魏晋知识分子的时候，首先想到的就是魏晋知识分子癫狂，阮籍、嵇康等都癫狂。为什么癫狂？其实就是没地方去，没地方发泄，也没有 Social Ladder，就是上升的阶梯，那时候没有科举，所有的大权都被世族掌握着，"昔日王谢堂前燕"，都被王家、谢家等这些掌握着。那知识分子怎么办？只有纵情山水，陶渊明就是"采菊东篱下，悠然见南山"，要么就是狂放悲歌等等。

知识分子在那时候还是处于比较倒霉的时候，直到了隋唐。其实主要是唐，隋开始科举，开始科举以后，知识分子第二次高潮来了，科举竖起了这么宽一条 Social Ladder，向上阶梯，那所有的知识分子都知道要干吗了，去考科举，考了科举就能一直上到宰相这个地位。宰相那时候跟君王之间的关系可不像明清，明清实际上都没有宰相，明清时期知识分子地位已经很低很低了，明朝虽然有首辅，大家说相当于宰相，其实跟宰相的权力还是不能比的。唐宋的君王和宰相之间的关系其实有点像问责制、契约制的关系，君王说一个理想，然后宰相有强大的权力指挥文官集团帮君王实现理想。就跟董事长说一句想干吗，那他也不用天天来了，剩下的事儿由 CEO 办，宰相就相当于 CEO，指挥大家来帮着把这事儿干起来。

所以到唐宋的时候，知识分子地位极高，才有唐宋八大家各种各样的大名士出来。苏轼他们一家出了三个，苏轼、苏辙加上他爸苏洵，全是大名士。即使出现知识分子的争斗，互相也是很尊重的，完全不像明朝党争的时候把你往死里整那种。在宋的时候，大家知道王安石集团跟司马光集团政见不同，但其实互相内心还是很钦佩的。迫害最多就是流放一下，终宋一朝也不杀士，苏轼也就是流放流放，流放到惠州，再不行流放到海南去，最终还是传诵他的诗篇，尊敬他的人格，也没有侮辱过他，只是政见不同，是我来干还是你来干的问题。所以唐宋是美好的时候，尤其是宋，所以我要穿越的话，我还很想穿越到宋。

然后到了元，又不行了，知识分子又被打到最低最低最低。大家知道元的时候知识分子叫臭老九，排在娼妓之后，只排在乞丐之前。人分十等，知识分子叫臭老九就是从元朝开始来的。元朝绝大部分时候也没科举，大概只有快灭亡之前的那二十几年才恢复一点点小科举，已经来不及，没用了，所以元朝知识分子没法科举了，没有 Social Ladder，时间比较多。过去宋朝的知识分子们同时都在当官，所以就写写词，最多写一下赋，像《赤壁赋》，到了元朝，知识分子大段时间没事儿干，就在勾栏之间，开始写作戏剧，大家知道关汉卿等等。所以元曲、元杂剧来了，但是在知识分子心目中，治国平天下、经世治国才是理想，帮青楼女写写戏曲那都是雕虫小技。所以知识分子的地位又打到这么低。

说到这儿大家想一想，知识分子的地位被打到最低的时候的农民起义，都收获了大量优秀的知识分子，所以成功了。首先就是秦焚书坑儒，知识分子的地位低得不行，知识分子纷纷加入起义军、农民军，所以刘邦身边有张良、萧何这些人。大家想，如果秦对知识分子好，知识分子都在庙堂之上，谁去参加农民起义军，脑袋别裤腰带上就跟你干上了？所以才有了刘邦建立强大的汉朝。元也是，元知识分子只能干写点戏曲的事儿了，所以当大家起事反对元的时候，才有大批的知识分子加入了起义军队伍，才建立了还算强大的明朝。

到明朝，科举又来了，又可以科举了，有大量的人又进到庙堂里，不但进到庙堂里，明朝知识分子是非常非常的两面性，一面又不像春秋、唐宋的知识分子那么大气、那么胸怀远大、充满理想等，一面地位也远远不如唐宋知识分子高，因为没宰相了，皇帝亲临朝政，天天在那儿批奏折等，皇帝说你们都别弄了，你们就给我当办事员就完了，所以才有了内阁，内阁其实就是一个办公室，就是皇帝办公室，皇帝勤快的时候，内阁首辅就是办公室主任，皇帝懒点的时候，说我懒了不想去上朝，那他就多管点事儿。但是没有一个固定的权力，过去的宰相就相当于《宪法》规定的权力。

到了明朝的时候，知识分子首先就不像以前那么有权力，对国家的一切事不能够像唐宋宰相一样行使权力。而且知识分子还特别能骂，大家看《明朝那些事儿》，我就不多讲了，明朝的言官是中国历史上的奇葩，到了只要谁进内阁就骂谁的地步，到后来还形成党争，只要不是东林党的，你就是阉党，简直让人痛惜扼腕。大量的知识分子，上又不能真正地跟君王成为师友臣，下又不能跟大家和谐起来团结抱团，把这国家治理好。所以上下不沾，明朝这些知识分子时不时就被拖出去在宫门口被太监打屁股，打完一顿，屁股肉掉下来还要弄成腊肉挂那儿，说你看我是忠臣，我敢骂，我挨打，我光荣，就变成这样了。再加上到了宋朝以后，儒家就越来越厉害，变成了理学，程朱理学。忠君这个事儿到了明朝就远远地超过了唐宋时候，唐宋的时候，说实在的，知识分子实在不行还可以不要这皇帝，皇帝好咱们来，皇帝不好咱们还可以再想想，但是到了明以后，忠君又成了特别特别要命的一件事，就快跟清朝的奴才差不多了，上又忠君又没权力，下大家又打成那样，到后期就是东林党和阉党互相之间打，这就不多讲了，大家有空看《明朝那些事儿》。

所以明朝知识分子到了这地步，把这国家毁得不行，毁成了内忧外患，外边有满族，里边有各种各样的农民起义等等。但是无论如何，无论怎么争、怎么打、怎么闹、怎么骂，它还是能科举，它还是能到庙堂里去骂，所以在这种情况下，明朝依然有强大的 Social Ladder，让知识分子能往上走。所以李自成那儿、张献忠那儿、所有的农民起义军那儿，无法像刘邦、朱元璋一样，收获大批的被前朝打成那样的、没地位的知识分子。

另一个知识分子最美好的时代，也是我们《晓松奇谈》未来要用大篇幅讲的民国时代。民国时代知识分子很像春秋战国时代，春秋战国时代的知识分子是靠了各国知识分子的互相启发、互相激励，再加上一个非常宽松自由的环境，形成了诸子百家。民国时代是靠世界各国，不是春秋战国的各国了，是世界各国的知识分子的各种各样的熏陶、撞击，大批的知识分子出去留学，带回了世界各国的思想，就像春秋时代，孔子启发了孟子，老子启发了庄子，鬼谷子启发了大家。到了民国时代，知识分子又是一个大高潮，在一个宽松的环境下，吸收了各国各种各样的新的学术思潮，形成了一个百家齐放的氛围。当然民国时代对很多其他阶层的人民来说，可能不是个好时代，但是对知识分子来说，是一个非常伟大的时代。我也多次说过民国时代修了 2000 年中国的文化史。

紧接着就又到了一个下落的时代，是全国人民的浩劫，最受冲击的还是知识分子。后面我们会讲到陈寅恪先生，因为我们会用到大量的史料，是从陈寅恪先生的《柳如是别传》里弄来的。从陈寅恪先生的一生，民国时代的陈寅恪先生什么样，后来的陈寅恪先生什么样，就能看到知识分子的又一个比较悲惨的时代。

回过头来再说李自成，一个起义要成功我觉得有这么几个要素：当然首先是军人，因为开创朝代，打仗还是最重要的；然后是君王、知识分子。这三个我觉得都是最重要的，其实在有一些朝代的后期，当你形成了非常稳固的制度和整个的行政体系以后，君王其实不太重要，有整个文官系统就可以了。但是开创的时候，君王是非常重要的，等打赢了、打到北京以后，军人的事儿干完了，那就看君王和知识分子的了。李闯的军人当然是很强的，刘宗敏、郝摇旗、李过、高一功等，我们讲到南明后来的时候还要讲到他们。

但是李自成是不是一个称职的、能够成为伟大君王的人？当然不是。李自成一直到破城了、打到北京来的时候，还派人去找崇祯聊呢，说崇祯皇帝我其实没什么别的意思，皇帝也不坏，就是你们那些大臣太坏，我来了就想让你封我一个王就行，你封我西北王，我就在西北待着挺好，你封不封我，你封我我就走了。李自成当时还是这态度呢，一点没有君临天下那种感觉。当然崇祯皇帝是一个性格相当倔强的人，坚决不同意，就说我死也不能同意，也不能封你这官，你这闯贼。崇祯皇帝是既不同意、不妥协，也不南下。南下这事儿我们一会儿再讲。反正就是叫"君王死社稷"，崇祯皇帝就自尽殉节了。李自成才突然觉得，那我是不是就是皇帝了？那我都该干吗呢？

从大局上，内政外交这两件事是所有的君王首先应该想的。外交，李自成都没想到那边有强大的清兵，清兵已经打了那么多仗，曾经把李自成打得只剩十八骑、逃入商洛山中的明朝最重要的统帅洪承畴都被清兵打得全军覆没，降了清。他就没想到外交首先要干这事儿，居然在开始抢大户、逼大家助饷的时候，把吴三桂的爸爸抓起来了，导致吴三桂叛变，清军入关。

外交上根本就没有想法，内政上也没任何想法。他身边的知识分子牛金星、宋献策只能干点什么事？打仗的时候编点儿歌，这儿歌挺管用，是导致李自成覆灭的一个重要原因，这儿歌叫《闯王来了不纳粮》，那大家说好啊，闯王来了不纳粮，跟着闯王干，那就干起来了，干起来的时候是可以不纳粮、不收税，问题是你今天到了北京，君临天下了，你怎么维持庞大的军队、庞大的政府，那么多明朝的官员投降了大顺，都得吃饭，人家投降你是干吗来的，是为了吃饭的；军队也得吃饭，要不大家跟着你到北京来干吗？那拿什么吃饭？你又不收税，想不出来办法，想来想去还是跟以前一样，打土豪，于是把明朝这些官都抓起来，让他们助饷，搜刮他们。

开始是定的一品官交多少钱，二品官交多少钱，最后就一通抢，当然没少抢，这个明朝确实也特别腐败，居然抢出了7000万两银子（另有说法是白银2000万两）。7000万两银子相当于明朝政府岁入的十倍，就相当于整个明朝十年的岁入。这个崇祯皇帝最后不行的时候想让各位大臣捐点钱助饷，各位大臣都说没钱，最多给1万两。闯贼来了，大家没办法了，打死的打死、打残的打残，最后居然弄出7000万两。但是这不是个事儿，你不能光靠抢，你要拿出一套治国的方略，到底是怎么弄？是减租减息还是怎么怎么，哪儿哪儿战乱少收点税，哪儿免税……都没有，就一通抢，所以基本上没有一个治国的思路。所以我说这三要素里，军人他当然有。作为君王本身，他不是称职的。

这两个知识分子不但不称职，而且一点气节都没有。大家从这两位知识分子的下场就知道了，可以跟其他各朝各代，包括明朝的知识分子来比比：最后李自成被打跑了，一路被吴三桂追着，吴三桂是冲冠一怒为红颜，陈圆圆抢回来了，可是爸爸被杀了，一家30多口都被杀了，所以这个可是血海深仇。吴三桂到北京的时候还曾经发过一个誓，当然这誓就当放屁，因为后来就没这事儿了，说我绝不与明朝为敌，我今天就是要报君父之仇，首先要报君之仇，就是崇祯被逼死之仇，其次报我爸吴襄、我家30多口被杀之仇。李自成、刘宗敏上前线到山海关跟吴三桂打的时候，带着吴三桂他爸吴襄，就为了劝降，吴三桂坚决不降，于是李自成就在逃跑的过程中把吴襄杀了，然后把他全家都杀了。所以吴三桂像疯狗一样追着闯贼打，跟着八旗军一路打一路追到西安，西安坐不稳又打出潼关，八旗军队对闯军八战八捷，就是打八仗胜八次，然后打出河南，最后，一路把闯军追到了湖北，就是曾在那儿潜伏了几年，后来又出来打遍天下的所谓的他们的大本营。八战八捷最后一仗是俘虏了刘宗敏、俘虏了宋献策。刘宗敏和李自成的两位叔叔同时被斩，民间还有另一种传说，就是八旗军统帅阿济格把刘宗敏送给了吴三桂。吴三桂可太高兴了，因为就是刘宗敏负责抢大家钱、负责追饷的时候把他爸给打得半死，就是刘宗敏抢了他的陈圆圆，就是刘宗敏杀了他全家。所以吴三桂对刘宗敏可不是一般的恨，这爸爸、全家不说，老婆还被他那什么过，这个绝对不行，所以吴三桂是亲手一刀一刀剐了刘宗敏，就是亲手将刘宗敏凌迟。

而宋献策居然没死，为什么？一点知识分子气节也没有，宋献策原来就是河南一个算命的，跳大神的，他一被俘，马上就说我会算命，我帮你去算命。刚入关的清朝的这些将领们还没有把我博大精深的汉族的、汉人的文化看懂，说你这人挺有意思，你会算命，那你到我府里算命吧。于是宋献策居然没死，跑到人家府里当算命的去了。八战八捷之后基本上闯军就完蛋了，但是这时候李自成还没死呢。紧接着就是牛金星居然趁夜带着儿子投到了清营，投降以后说，你封我一个官吧，清朝一看，我天，那么多明朝的进士、状元、榜眼、探花投降了我，我都没来得及封官，您这一个举人我封你什么官，说算了，你也甭当官了，我就封你儿子当一个黄州知府，相当于一个县级市市长。他最后就靠他儿子当一县官养在府里，就是这么一个牛金星。大家想想这个李闯身边的知识分子就这个素质，这怎么可以！

我觉得是命也好，是死得其所也好，李自成是农民起义的领袖，按说农民应该热爱你，最后却被农民给打死了。我们正史上写被地主武装打死，其实也不叫什么地主武装，就是天下大乱以后各地都有乡绅出钱组织自己的乡勇乡兵，各个地方的乡勇乡兵保护自己，谁来了都不行，不能欺负我们。中国自古就是皇权不下县，皇权只到了县长一级，下边其实都是由各地的乡绅自己组织起来的，太平时候办教育，天下大乱的时候组织乡勇。李自成其实就是被乡勇打死的，纯粹就是农民。李自成那天带了二十几个人出去巡视，突然就被乡兵包围了，打一通打散了，李自成自己跑了，跑了以后碰见一个老农，两人扭打在一起，李自成是一个大汉，把人按到地下，正要拔刀杀人，老农的外甥来了，拿一把锄头把李自成打死了。一代农民起义领袖最后被农民打死了。君王也没了，知识分子也没了，那军人们就各奔前程了。

知识分子、君王、军人，我刚才说的这三个要素都很重要。所以我就分这三点讲南明。咱们先讲讲，南明的知识分子是不是合格的知识分子。由于有太多的知识分子，我挑这么几个人来讲：最大的汉奸洪承畴、最大的忠臣史可法、最大的名士钱谦益。

南明呢，其实外部的威胁没有东晋以及南宋面对的强大，而明朝内部的构架其实要比晋跟宋好得多，晋跟宋就没想过要南渡，所以这国家就一个政治中心，就一个首都，被打败了南渡之后才建都在南京也好，建都在杭州也好，临时做起来，然后大家在江边天天等着，看有没有人渡江过来，过来一个，说你当宰相，一会儿又渡过一个，说你当兵部尚书……就是这样建起来的。明朝可不是，大家知道明朝建都一开始是在南京，明朝迁都北京最重要的原因是当时朱棣篡位，篡了自己的侄子建文帝，那朱棣是燕王，自己的治所就在北京，当时北京不叫北京，叫北平，大家知道北平可不只是民国时期叫北平，民国时期其实也不都叫北平，北洋政府时期它作为首都的时候还是叫北京。中国的"京"这个字是不能随便乱用的，上京也好，东京也好，北京也好，南京也好，只要叫京了它一定是首都，所以明朝的时候徐达率军北伐，打跑了蒙古，跑到北元去了，于是这个地方就叫作北平，就是平定了北方的意思。朱棣篡位以后，说我还是回我这老家吧，在北平修了长城，又修了紫禁城，才把这地方改叫北京。但是南京依然叫南京，为什么呢？因为它也是首都，叫留都也好，叫陪都也好。这是明朝祖宗定的规矩，就是宪法，朱元璋定的规矩一直到南明了还都是宪法，也要执行。所以南京也还是京。等于说明朝是两都制。包括直隶也有两个，京城旁边直接隶属于京城的叫直隶，清朝只有一个直隶，但是明朝可是有两个直隶的。明朝是两京两直隶，北京北直隶、南京南直隶。南直隶相当于现在的江苏、上海、浙江、安徽这一块围着南京的地方。

而且南京还留了六部的整个的官僚体制。所以大家看明朝贬官的时候，贬到哪儿呢？贬到南京，当六部的尚书，南京的六部尚书实际上是个虚职。但是南京也是有六部在的，至少有那么多官在，不管是从北京贬过去的也好，还是在北京没地儿安排的官也好。所以明朝实际上是最最有准备的，北京没了有南京，北直隶没了有南直隶，北京的六部没了有南京的六部，整个国家构架都还在，而且统治的地域非常广大。大家想想李自成占领的那才多大点地方，就是陕西、山西、河北、山东北边一点点、河南一点点……也就是这一点，绝大部分地区还都是明朝的。那清兵也就派了一点兵南下，由于有洪承畴这帮人，所以它的口号是替你们报仇，省得你们反对，我们去打那闯贼去，清兵也没想好一套完整的统治制度。所以整个南明起来的时候是有多么好的一个环境。地，首先从山东、河南往南，整个长江流域往下全都还在南明手里；军队，正规军就有50多万，如果加上各种乡兵团练这些，应该有百万大军；知识分子，也都有，北京的知识分子虽然丢人现眼了，但南京还有一大堆知识分子。

北京的知识分子大概只有十个手指头能数出来的殉节了，太监有几个殉节了，绝大多数在北京的明朝的官一看李自成坐上去了，说那我们就排队等着当官吧，你手下不就是一个举人和一个算命的吗，我们都是进士、状元、榜眼，我们来吧，所以李自成往那儿一坐说，大家都来报个到吧。除了极少数、真的是十个手指头数得出来的几个人自杀殉节以外，绝大多数人都来排大队了。而且发生很多特别可笑的事儿，排队的时候还互相打、互相挤，说："你怎么能排我前头呢，我原来官比你大，你滚一边去。""你不行，你曾经骂过闯贼，我要到前面当官。"还有那来晚了的在外边大喊大叫、击鼓，说："我刚听说这事儿，我来晚了，我也在这儿，我也要当官。"丢人现眼到一塌糊涂的程度。包括各种前首辅，首辅就相当于宰相了，刚才我已经说过了其实没有宰相那么多权力，但是文官中最高级的就是内阁大学士里面的首辅，大批的前首辅前去讨官。你说一般的官，公务员也就算了，您身为前朝重臣，您是首辅，也去排队当官去。当然也是崇祯有问题，崇祯一朝创下一个世界纪录，到今天也没有任何一个国家、任何一个内阁破过这纪录，叫一朝五十阁臣。崇祯一朝一共才17年，这17年里换过十七八个首辅，说明崇祯这个人有很大的问题。当然他"君王死社稷"是值得表扬的，但是看任何一个人一生的时候，也不能说你一死报君王或者你君王死社稷，你这一生就是好的，以后我们讲到史可法的时候要说到这个问题。所以由于崇祯用人之疑，再加上党争激烈，谁上来大家骂谁，御史们、言官们一通狂骂，最后有的人是给骂下去的，有的人是实在被骂累了，有的人是被崇祯怀疑了，不停地走马灯，17年十好几个首辅，平均一年一个，这不管是现在的意大利，还是现在的日本也没这么频繁。

最后在北京光首辅就麇集了无数人，那边说："您先别着急当官，您先助饷，先把钱拿出来咱再往下聊。"于是大家纷纷拿钱，然后在那儿拼命推荐自己。一位前首辅叫魏藻德，臭不要脸地在那儿跟李自成说，你用我吧，我怎么怎么有能力，李自成下来啪啪啪啪给了十个大嘴巴，你想李自成是驿卒出身，说："你要不要脸，别人来求官也就算了，您前朝首辅也来要官做，你有没有一点知识分子气节，我虽然不是知识分子，我还知道知识分子应该有气节，你有没有气节？"魏藻德说："可是我确实对国家、对民族有用，我有很多才能的，气节虽然没有，但是你用我还是有用的。"刘宗敏在旁边听了，过来啪啪啪啪又给十个大嘴巴，说："你说你有什么用，我就问你一事儿，明朝为什么灭亡？"这位首辅说了一句话，不单李自成、刘宗敏要打他，我都要上去打他，他说："因为崇祯皇帝昏庸。"这一下大家都不干了，痛打，为什么？这位首辅是崇祯在殿上钦点的状元，皇上钦点你状元，而且中状元三年后就当首辅，大家知道这首辅很多人当上的时候都六七十岁了，这哥们儿中状元三年就已经当首辅了，皇帝就算对别人不好，就算别的地方昏庸，对你总算恩重如山吧，这哥们儿居然这么说。最后大家实在都听不下去了，把他关到狱里打死了。

就是这样的一群知识分子在北京。南京这一群还没有经历考验。跟大家补充一句话，有关南明，史料特别特别多样，讲什么的都有，原因是什么？清朝建立的时候由于有南明在南边，以及南明完了以后还有很多遗老遗少，不剃头的，台湾那边还有郑家，这边还有什么天地会等，反清复明的势力一直都有，为了不让人民看到南明有一些忠臣烈士，去鼓舞大家，所以销毁了绝大部分史料。紧接着到了清朝末年的时候，所有人为了推翻清朝，举起了一个旗帜，叫作"驱除鞑虏，恢复中华"。那这时候总得有榜样吧，所以又编造杜撰了大量的历史，就说南明时候有多少忠臣烈士怎么抵抗、怎么光荣，为了激励清末的时候推翻清朝的人民。前面是史料被大量销毁，后面是史料被大量杜撰，所以这里面史料庞杂，看这个史料的也有，看那个史料的也有，我也是其中一个，我也是看了这个，偶尔看看那个。所以基本上接下来我是按照我自己觉得还算可以信任的来讲。

**Q**：看世界杯，中场休息时总有里约风光，高老师去了里约，里约真的是那么美吗？

**A**：我想说，里约是我走遍世界看到过的，我不敢说最美，但是是最不可替代的美，那种美叫作单纯、混乱、清新、诡异，就这样一个复杂的城市太有魅力了。我们的美国朋友跟我们聊天，当然他们形容里约没有我们中国人那么多词汇，他们说里约就是插在山和海之间的一个纽约。纽约嘛，混乱，山、海，单纯，然后特别特别妖娆的一个城市。圣保罗其实就是一个2000万人的大城市，一个商业的、工业的大城市，但是里约是太美了，非常值得去。

**Q**：对这一次马航的飞机在乌克兰被击落怎么看？

**A**：正好上一季我讲过两期《普京的克里米亚》，在那里面我就已经预言过了：这个事保证是没完。因为这个世界就是这样，越大的国家之间的博弈，越像小孩之间的游戏，不像特别成熟理智的人，小孩就是得理不让人，就是我爱带你玩就带你玩，我不带你玩你就走开。我当时讲了很多例子，希特勒当年的慕尼黑协定，怎么吞并了苏台德以后，紧接着就胃口增大，吞并了奥地利，然后西方怎么绥靖……结果现在都说中了。我正好在澳大利亚悉尼落了地，看到了《洛杉矶时报》的最新报道，完全就已经找台阶下了，之前的联合国决议已经温柔地连胡撸都不敢胡撸，就是连"击落"都不敢说了，变成"坠落"；连什么"交出凶手""国际法庭审判"都没有，就是大家一起来调查怎么坠落的吧……就是这么一个联合国。联合国已经快成了一个庙了，大家在里头念经就得了，就是祈祷和平，那要联合国干吗，有教皇就够了。联合国曾经还有过强势的时候，不管是20世纪50年代的时候，还是伊拉克侵略科威特的时候，联合国还曾经强势地通过过反侵略、反对单方面改变世界等这些事情，现在联合国居然已经变成了一个只会念经的庙。

什么原因呢？当然可以讲出很多细致的原因来，就像一战怎么爆发的，大家可以讲出一万个原因，经济的、政治的、军事的、人文的。但是，我觉得无论如何一战爆发最大的原因是大英帝国的衰落。大英帝国统治世界的那100多年是最安静的100多年，除了这儿打个鸦片战争，那都不叫战争，小小的，几乎没爆发什么大战。大英帝国开始衰落，排第二、第三的开始往上走的时候是最容易爆发战争的时候。所以这一次也是，我觉得最最重要的原因就是，大家明显地能看到，其实就是美国在衰落。美国再也不能像从前一样当世界警察，说这样你不行，那样你不行。美国现在在给自己找台阶下，联合国实际上很大程度上是看美国怎么想、美国怎么决定，联合国的地址就在美国，看来没多久，联合国也要搬家了。所以美国的衰落特别像当年大英帝国的衰落，导致了后来一系列的问题。

我想说今后还没完，这个事看来就这么过去了，大家都"哦，你弄错了"，《洛杉矶时报》的报道就是找台阶下，说美国情报机关说是他们弄错了，他们犯了一个"Mistake"。大家听好，这不是犯罪，这是"Mistake"，"Mistake"就没有人来审判你了，那海牙国际法庭也没有用了。一下300条命没有了，而且还是欧洲人，这就找台阶下了，那这事接下来就没完了，因为大哥一旦控制不住了，街上的各种小弟、古惑仔啊，各种各样的人为了达到自己的目的都会出来。聪明的、理智的人还可以干点聪明、理智的事，但还有好多妄人呢，也会跳出来比画两下，还有爱沙尼亚呢，还有各种各样的那些边界有争议的地方呢，还有各种宗教的冲突呢，那是不是都来比画两下。看来没人管了，我觉得这个事会越演越大，或者越来越扩散或者越来越大，反正肯定不会就此平息。

# 第九章

# 南明悲歌 ②
## 爱国与卖国

人民跟知识分子不一样，人民是觉得只要你的政策好，税缴得少了，能生活得越来越好，就减少了很多很多抵抗的意志。其实知识分子大部分也不是都像史可法、黄道周、文天祥似的，他们觉得你行仁政那我们就接着干。当然少部分大名士、大名臣咱另说了，深受国恩、深受皇恩，那就必须死节。〉〉

　　我们从知识分子开始讲。我要挑三个知识分子讲，作为个人来说都是人中龙凤，但是历史评价以及命运大不同。这三位就是洪承畴、史可法以及钱谦益。这三位都是二十几岁中进士，要知道二十几岁中进士可不容易，大家看范进中举就知道，范进考一个举人都考到孩子那么大才考上，二十几岁中进士的不是很多的，所以这三位都是人中龙凤。其中洪承畴 24 岁就中进士了，史可法也是二十几岁中进士，而钱谦益是 28 岁中了探花，所以来讲这三位。其中前两位由于他们的评价正好相反，而且他们正好有大量的交集，所以我会穿插在一起讲，然后咱们再单劈出来讲钱谦益、柳如是那些名士们。

　　那么先讲这两位名臣，这两位名臣的历史评价是彻底相反，一个是千古大汉奸洪承畴，一个是千古大忠臣、千古节烈等不管怎么形容吧，反正是跟文天祥齐名的史可法，在我们那么薄的历史书里，都是要歌颂一页纸的。这两位正好一南一北，评价上当然都如雷贯耳，但实际上从地位、从能力、从各方面，史可法比洪承畴还是要差了一级。洪承畴当时是出将入相，是全国知识分子的偶像级别的、崇祯皇帝最倚重的国之栋梁。这洪承畴的起兵其实跟曾国藩有点像，就是本来是一个文人，没想打仗，也没学过，也没有人试过说这人能打仗，都是因为风云际会。曾国藩正在湖南老家守孝呢，要不是守孝曾国藩在北京当大官呢，突然太平军打来了，没办法，组织乡勇团练、组织湘军抵抗。洪承畴也是，洪承畴本来自己在那当一个地方官当得挺好，结果农民军打来了，没办法，周围也没军队了，最后紧急征召，说洪承畴你赶紧带点人来打吧，于是洪承畴守韩城就一战成名。洪承畴当时也没什么兵，带了200多个家丁以及临时组织起来的一堆人，拿着锄头扁担各种各样的家伙就守城去了，结果一战居然打赢了，然后紧接着就是大放异彩，显示出他各种各样的军事才能。

当然最开始他还不是独当一面的大员，前面还有卢象昇等这些人。明末的时候，有各种各样大家从评书里、戏曲里听到的大将，但是我只能说是大将，像卫青、霍去病或者岳飞这种大名将，那还没有。也都还算不错吧，但是打着打着，由于一会儿这个打死了，一会儿那个出关抵抗清兵去了，洪承畴最终成为一方大员，手握好几省的大权，统一指挥剿匪，而且战绩非常辉煌，最后在潼关设伏，打得闯军只剩十八骑。几乎与所有的明朝名将一样，只要打赢了农民军、建立了赫赫军威，那就出关去打清兵。洪承畴出关督师的时候，整个明清战争中间最大规模的军队是他指挥的。大家知道之前的袁崇焕也好，孙承宗也好，卢象昇等也好，都没有指挥过这么大规模的军队。

洪大帅指挥的是当时整个明朝全国最精锐的叫边关的八镇总兵。总兵到处都有，这个省总兵那个省总兵，那时候省也多，但是洪承畴指挥的这八镇都是边关的，边关是常年跟清兵打仗的，所以是最精锐的，包括后来在历史书中出现的各种名字，包括关宁铁骑，包括当时被打死的曹变蛟，包括后来的吴三桂，包括后来的唐通，咱们以前讲过，唐通怎么去劝吴三桂投降，然后吴三桂本来投降了，山海关交给了唐通，后来又怎么冲冠一怒为红颜等等，总而言之，八镇总兵都在洪承畴指挥之下。

锦州城内还有著名的祖大寿，是袁崇焕死了以后关外最最重要的将领，祖大寿当然也是汉奸了，最后也被人骂得贼死，但是要我说祖大寿确实是尽力了。军人跟文人不一样，全世界到现在都承认，军人如果力竭、弹尽援绝，为了不让举城百姓涂炭，不打其实是可以原谅的。但是文人，尤其是国家最重要的重臣，那对你的气节是有要求的。祖大寿曾经投降过一次，但是那确实是没办法了，已经被清兵围成什么样了？就是老鼠、树皮都吃完以后，只能开始吃老百姓了，老百姓吃完了就只能吃军队里的老弱残兵了，老弱残兵都吃了都还没办法，援军也不来，最后投降了。投降以后就说，我替你去锦州城内招降其他人吧，皇太极说你去吧，结果一到了锦州城，立刻竖起旗帜，继续为明朝战斗。说实在的，祖大寿已经可以了。

这次又被围在锦州，叫松锦会战。洪承畴指挥着这八镇总兵，13万当时明朝最精锐的军队，去援锦。洪承畴当然是文武双全，也非常能打，他看到了当时的情况，也不想速战，准备步步为营，占领制高点，逐渐一点一点向前，打败清兵。总而言之，野战还是打不过八旗兵的。但是最后由于崇祯皇帝急功近利，再加上兵部尚书严令一定要出战，最后没办法，只好率军出战，结果粮道又被人劫了。蒙古也好，满族也好，当它强盛的时候能打仗是天生的，没有那么多兵书。咱们这儿又是《武穆遗书》又是《孙子兵法》又是《孙膑兵法》，看半天，人家天生会打仗，什么兵法也不看，于是人家就截断你粮道，然后把你包围。最后洪承畴说，就只剩三天粮了，那咱们就决战吧，总兵们不想决战，于是大家只好集议，集议就不是洪承畴下令了，而是大家一起开了一个会，说咱们分散突围，结果还没来得及统一部署，有的总兵就开始率军跑，吴三桂也跟着跑，他是第二个跑的，于是就全军大乱，被清军掩杀，最后是一塌糊涂，全军覆没，被斩杀的有 5300 多人，自己掉到河里的、踩死的等不计其数。

洪承畴率领最后的 1 万多人守松山，最后被包围在松山还守了半年，这跟史可法可是有大区别的。史可法首先是级别没有洪承畴高，洪承畴出将入相，是国家最最重要的重臣，史可法只是南京兵部尚书。其实南京六部里，只有兵部尚书还算有实权，其他五部的尚书都是影子内阁或者叫备用内阁，当然都是北京的六部管。北京没有了以后，南京六部紧急动员起来说，中央政府没有了，那咱们南京这六部就动员起来吧。当时在南京由于没有首辅，最大的就是史阁部史可法，他也只是兵部尚书而已。当然弘光朝建立的时候，他当了没几天首辅，然后就出现各种各样的状况，他控制不了局面，东林党的知识分子和军人们打得一塌糊涂，最后他也弄不下去了，所以就到江北扬州去督师了。他也就是到这个级别，首先在对国家的重要性上没有洪承畴那么重要，洪承畴统率全国最最重要的兵力，打的是叫"皇国兴废在此一战"的那种决战型战役。军事能力上史可法跟洪承畴也不能比，洪承畴打得闯军最后只剩 18 骑，打清军虽然最后败了，但 1 万多人守一松山小城居然还守了半年之久。而史可法守扬州，说实在的真正的清军攻城就只有一天，扬州一天就被攻破。

总而言之，洪承畴坚守半年，最后实在是守不下去了，援军也被打跑都不敢前进了，而且那时候还有内奸。我们这个汉族有一个传统，就是汉奸多。那个时候洪承畴还不是汉奸，手下有汉奸，被内奸打开了城门，城破。其实我这个时候还能帮洪承畴说一句话，再接下来就不能帮洪承畴说话了，大汉奸是板上钉钉的，我也不想替他翻案，但是在这个时候洪承畴的表现其实跟文天祥、跟史可法、跟我们看到的所有那些读儒家书、读四书五经长大，然后忠君爱国、有气节的知识分子没什么区别。洪承畴被捕以后，立而不跪，破口大骂，这不就是一样嘛，所有人都是这样的，就是坚决不跪，说我天朝重臣怎么跪你这个小王，然后就破口大骂、披发悲歌，天天不吃饭，写各种绝命诗，就是准备殉了。但是由于他名声太大，再加上文武双全，皇太极就是死活不杀他，一天不杀，两天不杀，想了各种办法，派各种人去劝，于是把范文程派出去了。

如果你非要说范文程是汉奸，其实也算汉奸，但是范文程这汉奸和洪承畴这汉奸可不是一个性质。我觉得在讲南明的时候，我们一定要辨析两个不一样的词，一个叫叛国降清或者叫卖主求荣，一个叫事清。事清就是我上那儿去服务去了，我到那儿当公务员去了，我原来没吃过明朝的俸禄，我又不是明朝的官、明朝的大臣，我又没受过皇恩。范文程当然是汉族人，如果你说汉族人为满族人工作叫汉奸，那就叫汉奸吧。但是范文程人家本身是辽东汉人，人家也没有跑到北京来当过大官，也没受过崇祯的皇恩，那30多万人口的满族进军中原的第一步就是先统治了整个辽河流域的三四百万人的汉人。进关的时候，不但有满八旗还有汉八旗，汉八旗就是辽东汉人。我觉得按我们今天比较自由主义的思想来讲，辽东汉人是绝不能叫汉奸的，也不能叫叛国或者卖主求荣，因为人家本身就住在那儿，人家的政府就是这满族政府，人家的皇帝就是皇太极。

范文程是熟读儒家各种经书的文臣，当然他还是不如洪承畴，两人聊着聊着就聊不下去了，洪承畴坚决不降，只求速死。但是范文程观察到一个特别小的细节很有意思，就是房上突然掉了一粒灰尘下来，掉到洪承畴身上，洪承畴伸手给掸了，范文程很敏感，回去就跟皇太极讲，看来洪承畴是不想死，想死的人还在乎衣服上的灰尘吗，说还有希望。于是继续努力，努力到什么程度？野史说，这个咱不敢说是正史，庄妃，就是后来的孝庄皇后，居然都给派去了。庄妃当然长得美，到那儿就说："这是毒酒，你喝吧。"洪承畴说："太好了，终于死期到了，喝！"恨不能吟两句诗。一喝还挺好喝，连喝好几杯。结果是人参汤，你想想人参这东西一喝完了以后身体也来劲了，一看庄妃很美，露出胳膊，满洲那衣服胳膊是露着的，于是……当然这是纯野史。

满蒙民族有那时候少数民族的习惯。那时候少数民族民风彪悍，就觉得我们的女人只要能征服强大的敌人，收服一个洪承畴这样的人，就是我们民族的光荣，就是我们民族的巾帼英雄。不像汉人，讲什么贞节、礼法等等。

最后是皇太极亲自来看洪承畴，洪承畴继续立而不跪，但是这个时候已经不破口大骂了。东北挺冷的，皇太极脱下身上的貂皮大氅，给洪承畴穿上了。洪承畴看了半天，而且据记载是斜眼、用旁光看着皇太极，看了一会儿说："真命天子！"儒家的经书，实际上给人提供了各种各样的理论依据，你要说必须忠君爱国，那有一万条可以说，要说气节，也有的是可以说的。可是你要说"良禽择木而栖"也行，所以遇到真命天子就"良禽择木而栖"了，于是洪承畴投降了。

清朝的建立，以及区区 6 万满族兵最后能够在拥有上亿汉族人口的这么大一个国家里面纵横往来，肯定不是全靠军事，没有一个人相信靠满洲八旗军一路打到全中国，就能把全中国统一了，历史也不是这样的。洪承畴在里面起了很大的作用，当然这个作用我们两面说。要他们学汉语、要他们学儒家的东西、要他们学仁政等，你说这是好还是不好？我只说事实，事实就是满洲人一到北京，多尔衮马上出台了大量的政策。李自成一个政策也没出来，李自成到了北京，就是抓起那些大官来抢钱。但是多尔衮一到北京，在洪承畴的辅佐下出台了大量的政策，迅速平定了北方的人民，大量任用前明的官，然后在税赋上，在各方面出台了各种各样的好政策。说实在的，不但李自成出不来，比崇祯时代的政策还要好，崇祯时代那个税已经把人民逼得都反了，不然也没有李自成、张献忠。多尔衮取消了辽饷、剿饷、练饷三饷，然后颁布各种各样的惠民政策，当然对稳固清廷是有非常非常好的作用。虽然说洪承畴帮着清朝打败了汉人，被当作汉奸，但是另一说呢，其实也对当地的人民有好处。北方地区的人民首先受益，人民跟知识分子不一样，人民是觉得只要你的政策好，税缴得少了，能生活得越来越好，就减少了很多很多抵抗的意志。其实知识分子大部分也不是都像史可法、黄道周、文天祥似的，他们觉得你行仁政那我们就接着干。当然少部分大名士、大名臣咱另说了，深受国恩、深受皇恩，那就必须死节。所以大家看到清兵南下的时候，在整个黄河流域几乎没受到什么抵抗，就直接渡淮河到扬州了，到扬州才遇到史可法。这些都跟洪承畴给清廷的大量建议有很大很大的关系。

范文程虽然也是大学士，但是洪承畴比范文程强在哪儿？范文程虽然是一个非常聪明的知识分子，但是他没有在明朝做过大官，不太了解明朝官场内部的事，比如东林党是怎么回事，阉党是怎么回事，谁跟谁对付，谁跟谁不对付，谁心怀怨恨，谁可以招抚，谁就不用费劲直接跟他打……但是洪承畴可不是，洪承畴了解明朝内部的一切，所以虽然帮助了清朝异族，但是同时也使北方没有生灵涂炭。我只说事实，大家自己各有各的观点。

那为什么清兵南下一直到了扬州才碰见史可法？经过山东、河南……那么长时间都干吗去了？咱们回过头来讲史可法。过去是封建王朝，不过封建两个字我不同意，因为其实不是封建，而是由科举文官组成的官僚集团的皇帝的专制王朝，我们就叫专制王朝，专制王朝的第一件事就是不可一日无君。那崇祯皇帝死讯传到南京，太子也不知道上哪儿去了。崇祯皇帝一共三个儿子，咱们讲完知识分子以后，讲皇子们的时候再去细讲那些。史可法作为当时在南京的留都或叫陪都的政府里面最高级别的官员，他首先就应该团结大家，稳住阵脚，尤其是团结文武两方，马上选出一个皇帝，然后马上把

》史可法

河南、山东等地恢复起来，准备打仗。结果这个时候，明朝知识分子的大劣根性在这里充分地表现了出来。

东林党当时在南京的政府里还是占到最大比例的，因为崇祯是支持东林党、反对阉党的，反对阉党还扩大化了，导致大批其实不是阉党的人被斩尽杀绝，这些人只不过是在魏忠贤的时候，为了生存说过两句好话，这正常嘛，大家看今天当官的谁不说两句好话，说两句好话并不意味着我跟他是一党的。但是不行，东林党就斩尽杀绝，弄这些阉党，导致最后弄得乌烟瘴气。到南京也一样，说立谁当皇帝呢，东林党先说了，首先不能立福王。任何一朝，专制王朝也好，也是有自己的制度的，尤其是明朝，我们之前讲过，明朝开国皇帝朱元璋立下的那些规矩，是一直要执行的，那就是明朝的宪法。朱元璋有关继承是有明确的叫四项基本原则的。首先一定要立嫡长子，嫡长子就是皇后的第一个儿子，其他妃子生的孩子即使比皇后孩子岁数大也不能立，因为那是庶长子。立嫡长子，这是第一原则。第二原则是没有嫡子立长子。第三是如果没有子立兄弟，就是没有子不能立别人，要立皇帝的兄弟。第四才是如果连兄弟都没有，那再按照血亲，立跟皇帝最近的那个血亲。这个不但是朱元璋定下的相当于明朝继承的宪法式的条文，而且也是东林党把万历皇帝折腾成那样的依据。万历皇帝20多年不上朝，为什么？当然他懒是一个原因，另一个重要的原因，就是万历皇帝喜欢福王，福王就是万历皇帝最喜欢的妃子生的孩子，万历就想立福王。东林党当时跟万历皇帝打了几十年，就是为了一定要坚持国家宪法，一定要立长，不能立贤。因为你要立别的的时候，你总得有个理由吧，那绝大部分理由或者说几乎唯一的理由就是他贤，太子不贤，太子甜，不咸。必须立长不立贤，东林党为这事，前赴后继地把万历皇帝搞得"明年再议""后年再议"，最后万历皇帝实在扛不过这些知识分子的破口大骂，立了太子，把他本来想立的福王封到了洛阳去。

这事儿你说东林党做得对吗？对，国家宪法一定要用生命捍卫。可是这个时候为什么又不捍卫宪法了呢？这个时候崇祯的三个儿子都没有来南京，生死不明。那按照宪法该立谁？就得立崇祯的兄弟。崇祯没有亲兄弟，最亲最亲的就是福王，福王是他的亲堂哥，崇祯他爸就是太子，福王他爸就是万历想立的老福王。那按照宪法当然要立福王，可是东林党这些知识分子号称自己怎么怎么样，结果存着特别脏的私心，说当年咱反对他爸登基当皇帝反对成那样，他儿子要是当了皇帝肯定要报复我们。而且老福王死得还特惨，老福王最后到洛阳去，结果洛阳被李自成攻破了，李自成逮了福王，福王是300多斤重这么一个大胖子，他的后花园里养了好多鹿，农民军一进城一看福王在这里，于是把福王给煮了，而且还把福王花园里的鹿一起煮了，叫"福禄羹"，听起来很祥瑞，大家分食了，所以老福王是死得很惨，于是小福王就逃出洛阳，后来就颠沛流离。

福王在淮安，离南京最近，而且本身按宪法规定就应该他即位，结果东林党不干。东林党这个时候又改了，又改立贤不立长，那您这知识分子们有没有气节，有没有原则？没有，我们就是对我们好就行，对我们不好就不行。而且在中国古代，谁拥立的皇帝，谁可就挟持住了皇帝，谁可就拥有最大的权力，这叫定策之功。那我们当然要选一个由我们拥立的，尤其是这人本来不该当皇帝，如果是我们拥立了，那岂不是很好嘛！于是找了一个实际上排五个都排不到的潞王。因为除了福王以外，按照宪法，往后排还有其他的几个王离得更近一点，至少有三四个是排在这潞王前头的，但是东林党这帮所谓的知识分子大臣们非要立潞王，就说他贤。你怎么知道他贤呢？在明朝，王是不能当官的，当官的都是你们这些考科举上来的知识分子，那些王都在自己王府里待着，你知道谁贤啊。老福王当然不贤了，老福王荒淫无度等，那小福王当然后来也表现出来了，跟他爸一样，但这个时候小福王颠沛流离，也没表现出什么很恶劣的东西，你东林党凭什么说不行，就不能立福王。

史可法这时候应该干什么？当时没有皇帝，也没有首辅，史可法作为首席的、最大的官，就应该坚定地说，一定要按国家宪法办，这样大家就不会有异议。结果这个时候史可法也开始想自己的小招，史可法说，那福王你们都不愿意立，可是这潞王确实又太远，于是就在那儿和稀泥，史可法这个人是特别没有雄才大略的那种人，特别能和稀泥，说，那咱们这样吧，咱们立桂王吧。这不是添乱嘛！本来福王就在这儿打，这边再扶一潞王，他还要立桂王，这桂王还在好几千里以外的地方呢，于是大家就争得不相上下。

江北四镇是北方军队打没了以后，在淮河以南最最重要的明朝的军队。当时是分了五镇，其中最大一镇是左良玉，左良玉跟李闯王打的时候，多次打败闯军，他带着最大一支军队在武昌，是在西边，离得还挺远。离南京最近的，一过江，就叫江北四镇。江北四镇是四个军阀，当时还不是军阀，拥立了皇帝才成为军阀。所以江北四镇成为军阀，导致南明灭亡，首先一个罪魁祸首，我觉得就是因为史可法不立福王。史可法当时如果马上把福王接来，那立刻军阀们就没有拥立之功了，如果江北四镇没有拥立之功，他们怎么能尾大不掉？怎么能不听中央的？怎么能要那么多饷不打仗？结果福王马上在江北把这江北几镇的将军找来，说我其实是按照宪法最应该立的，如果你们拥立我，那我就一定会怎么怎么报答你们。这几位将军一看，这不是天上掉馅饼吗，我们这级别就是几个总兵而已，我们还能立皇帝，太好了，你们那帮大臣们、尚书们在那儿打得不可开交，那我们来立皇帝。

本来江北四镇上边有个统帅叫马士英，他是凤阳总督，这个凤阳就是他们朱家的老家，所以他这官还挺重要，但是他再重要，他也是一个外臣。很多很多的历史里，非把人家马士英说成太监，其实就为了把他打成阉党，马士英不是太监，是正儿八经的万历朝的进士，跟史可法、洪承畴他们差不多。马士英本来跟史可法都已经商量好了，说可以不立福王。因为大家想想，当时整个南京政府里边最大的是史可法，南京外面最大的就是凤阳总督马士英，所以在没有更大的什么内阁以及首辅、皇帝的情况下，整个国家大事就他们两个商量了。他们两人商量完了以后，马士英说，好吧，那我同意你了，你史可法定吧。

结果回到凤阳一看，不对，我下边的这几位总兵已经决定拥立福王。马士英一想，立即改弦更张我还有定策之功，所以马士英马上就变卦了，说，我也决定拥立福王，根据太祖的宪法定的，就该拥立福王。史可法如果这个时候马上改弦更张，去迎福王回来，还能让福王成为一个正经的能听内阁的、能听朝廷大臣的君王，结果史可法又犯了一错，写了一封信给马士英，说"福王七不能立"，七不能立就包括什么荒淫等，其中最后一条还特搞笑，说他愿意干涉朝政。在明朝皇帝不干涉朝政那皇帝是干吗的，又不像汉朝、唐朝、宋朝有宰相，你这句话的意思就是说你想把持朝政，你不想找一个愿意干涉朝政的人来！这封信拿到马士英手里，马士英当时就给了福王，说：

"福王，看见没有，史阁部不想立你。"福王看了以后脸都青了，但是福王这时候还没当皇帝，所以忍了，说没关系，大家要精诚团结如何如何。

于是马士英率军南下，拥立福王。这一下东林党这些臭知识分子们全傻了，因为手里没兵。福王在凤阳总督以及江北四镇（主要是三镇，第四镇后来也加入了，说那我也一块拥立福王）拥立下随大军一起南下。这下潞王、桂王都不要了，大家赶紧过江迎接福王。你早点干吗去了，到这个时候兵临城下才过江迎接福王。迎来福王以后，福王能听你史可法的吗？您写信把我骂成那样，骂得比王八蛋还不如。能听你们东林党的吗？那些东林党的人专门想立一个连堂叔都排不上的，就不立我这个跟崇祯最亲最亲的兄弟，当然不听你们的了，当然要听军人们的了，当然要听马士英的了。

马士英自己不是阉党，就像史可法其实也不是东林党，但是在明末那党争打得那样激烈的时候，你总得站队吧，我哪儿都不是就两边都打死我了，我总得找一边站队，那东林党党规又特别严格，必须得是大知识分子，又得铁骨铮铮，恨不能必须得骂两句皇帝才能加入。那没那么铁骨铮铮的人就都被打成阉党。史可法虽然不是东林党，但是史可法的老师是东林党著名的大佬，就是被魏忠贤迫害死的左光斗。在记载中的各种史可法的光荣事迹里，其中就有左光斗在狱中被打得简直皮肉分离、奄奄一息、脑袋上冒着血，然后史可法冒险入狱，爬到老师身边，摸到老师，然后哭着跟老师保证说，老师，我一定铁骨铮铮，向您学习等等。他虽然不是东林党，但是他比较倾向于东林党，因为他是知识分子，讲究气节，东林党是讲究这个的。

马士英带着福王到了这儿，福王先是监国（监国这个词大家记住，以后我们还会讲到很多很多监国），就是说我虚着这皇帝位，万一太子来了呢。

等两天等不及了，说我也甭等太子了，我就登基吧，于是登基成弘光帝。这个弘光帝算是南明的第一代大家都承认的皇帝。但是有定策之功的马士英也得有一帮人才行，马士英本来是在外督师的凤阳总督，手下只有一帮军人，那怎么办，于是就找了阮大铖，把阮大铖提拔起来了。

阮大铖这人有点意思，他是个阉党，在所有的戏曲舞台上，都是大白脸，那种大奸臣的样子。尤其大家看《桃花扇》里头，怎么逼李香君如何如何，那就是大奸臣阮大铖。阉党被打倒以后，大批被牵连，只要不是东林党，就被当作阉党，而且崇祯皇帝下了严令，就是永不起用所有的这些阉党，包括以前的首辅们，所以阉党的首辅冯铨后来在清朝入关以后，就投了清朝，而且成了清内院首席大学士，比洪承畴还高。阮大铖其实一开始也不是阉党，是被东林党逼的，也当上阉党，最后被一起打倒了。其实他曾经上表骂过阉党，也骂过东林党，但是东林党说，我不管你骂过阉党，我只管你骂过我，于是清洗的时候就一块把他也清洗了，所以阮大铖也在永不叙用的名单里面。

阮大铖被削了官，他有钱，还是个剧作家，自己能写戏，但是他没想到的是，自己写那么多戏，最后被写进《桃花扇》里，成了一个大奸臣。阮大铖对马士英有恩，有什么恩呢？明末官场贪污腐败，你想想李自成能从那些官身上搜出 7000 万两银子来，哪儿来的？卖官卖来的。阮大铖家里特有钱，然后说我买吧，可是我又是阉党，阉党永不叙用，阮大铖是一个很聪明的人，他说，我有钱，我还是想买官，干脆我买一个官让我哥们儿当吧。正好那时候马士英犯了点贪污之类的罪，也被削了官，正闲居着呢，这两人关系还挺好，阮大铖说，我出钱给你买一个官。于是阮大铖就出钱给马士英买了一个官。马士英当了官，逐渐当到了凤阳总督。

当时史可法虽然名义上还是算首辅，但实际上福王更听马士英的，马士英为了有自己的人，就把阮大铖起用了。阮大铖这一起用，充斥在整个晚明的党争又来了。东林党一看，福王我们就够烦的了，结果还起用了阉党，东林党首先想到的就是阉党要复仇了。阉党复仇这四个字只要在他们脑子里一闪现，以前怎么迫害杨涟、怎么迫害左光斗等这些事全想起来了。于是东林党就疯了，疯狂地反扑，当时叫南京三大案，总之就利用各种各样的方法攻击。但人总是要反扑的，结果就两边打成一锅粥。史可法一开始还在中间和稀泥，最后说，我实在干不下去了，那我自请江北督师吧。江北本来就得有人督师，您凤阳总督马士英到南京来了，那我去。这就是史可法的一大问题，国家命脉悬于一线，你作为股肱之臣、国家栋梁，这个时候你不能退缩，你就应该坚定地站在南京第一线。有史可法在朝堂上，还不至于打成那样。史可法是一个特别洁身自好的人，洁身自好到什么程度？他说我不跟你们打，我去江北督师，于是去江北督师去了。

江北最大的、最能打的一支军队是高杰的军队。高杰原来是李自成的部下。闯贼也好，张献忠也好，不停地诈降明朝，又不停地反过来。但是高杰是永远不会反的，是永远要跟着明朝走的。为什么呢？因为高杰拐跑了李自成的老婆，邢夫人。邢夫人长得挺好看的，李自成常年在外边打仗，高杰很长时间管后勤，管后勤就得报账，账在这个邢夫人手里，他去报账，邢夫人批，于是两人一来一去好上了。这可不是一般的罪，你把闯王老婆给办了，这不行，于是两人跑了，投降了明朝。所以谁再归顺李自成，高杰也要跟李自成干到底。高杰这支部队，原来是闯军里相当能打的一支部队，所以在整个的江北四镇里是最能打的一支部队。

史可法迂腐到什么程度？他去江北督师，结果一去发现他弄不住这江北四镇。这四镇不是当年的四镇了，这四镇有定策拥立之功，所以不听史可法的。史可法为了笼络这四镇，想了一个非常坏的主意，就是咱不说不封建了吗，咱都是中央集权国家了吗，干脆封他们江北四镇，封伯的封伯、封爵的封爵，给他们划地盘，你可以在你的地盘里边任命官员、收税……这一下可要命了。军队如果是在中央指挥之下，让你去哪儿就去哪儿，没有地方是你的，他就要去打仗，因为他的 Social Ladder 就是打赢了仗我升官，打不赢仗不升官。可是军人一旦有了地盘可就不一样了。大家想想民国时期，最能打的韩复榘有了山东以后都不想打了，日本鬼子一来就跑了，因为他有地盘了，有地盘这人就不想卖命了。

这个主意可不是什么马士英、阮大铖出的，这是史可法出的主意。史可法就为了让他们说，咱好好的。结果江北四镇一旦有了封地，谁也不北伐了。你知道当时成了什么样子，山东、河南既有大顺（李自成后来建立的政权叫大顺）派来的地方政权，大清南下又委任了几个官，但当时山东自己的人民都已经起来，乡绅起来，回家的、退休的官员起来，组织民兵、组织游击队等，都已经把他们都打跑了，翘首向南，以望王师，不停地到扬州来，找史可法说，我们就等你们来了，我们这里没有清军，也没有大顺军，我们已经把这儿都控制住了。

结果，不去，为什么呢？史可法当时和马士英以及南京朝廷定下的国策，叫"联虏抗贼"，这国策很重要。什么叫"联虏抗贼"？就是联合清兵打大顺，为什么呢？因为清兵没逼死崇祯，清兵入关的时候，依着洪承畴的意见，还打着为你报仇的名义。而且来了以后，在洪承畴出的主意下厚葬崇祯，于是人民觉得清兵还挺好，那时候还没露出这么狰狞的面目。所以史可法首先想到，要往北进军的话那不就是得罪清了嘛，因为大顺已经被打到西安去了，在潼关以外，于是想还是别北上了。第二个原因，江北四镇也不听他的，他给了封地，在封地里人家开始委任官、收税了，谁还听你的。人家不光收税，还找南京朝廷不停地要钱，南京朝廷一年一共 500 万两的收入，360 万两都给了江北四镇。江北四镇一年本来预算是 240 万两，人家说那我们要一年半的，我们要养兵、征兵，皇帝都是我们立的。于是批了，给了一年半的，360 万两拿去，20 两一个兵。给了 360 万两还是不够，还要。反正永远这边史可法说，咱们北进一点吧；那边说，没饷，再给我钱我才北进。你想山东人民多痛苦、河南人民多痛苦，自己都已经奋勇地把清兵、把大顺的地方政权赶走了，结果王师就是不来。

史可法也没办法，不过终于说动了高杰。高杰还是比较听史可法的，因为高杰比较敬佩史可法。史可法为了说服高杰，在高杰军中住了好长的时间，每天给他讲仁义啊、孔孟啊等，终于把高杰说感动了。再加上邢夫人深明大义，邢夫人经常跟高杰说，史阁部是我们的大忠臣，我们要听史阁部的，在青史留名。所以高杰决定出发北伐。结果这刚要北伐，高杰被杀了。为什么？高杰太自大。高杰有一仇人，姓许，咱就不说他叫什么了，那人请高杰到城里来，明明就是鸿门宴。高杰说，没问题，我就带几个亲兵，我高杰是谁，于是高杰就去了，结果在鸿门宴上被人杀了。杀了以后，邢夫人当然就慌了，跟高杰的儿子说，你拜史阁部当干爹，你有了这个义父干爹，那咱们在朝中就有大臣支持，我们就还能在明朝生存下去。因为明朝党争那么激烈，每个人都有靠山。

高杰的这支军队是江北四镇里最强大的军队。这种时候，任何一个有政治头脑的人都会认了他当干儿子，大家去北伐。史可法不，史可法清高极了，心想，你原来是闯逆出身，是农民军出身，不是官军出身（史可法后来还真认了一干儿子，就是官军出身，叫史德威），就坚决不认。而且不认也就算了，史可法还想了一个我觉得特别特别侮辱人的招，当时有个太监在监军，史可法就跟高杰的儿子说，你就别认我当干爹了，你认这位太监当干爹吧。这是一个政治家应该做的事情吗！高杰这支部队里，有极为能征善战的部将，尤其是李成栋，当时李成栋就是高杰军中最重要的将领。李成栋后来一支孤军一路打败南明，占领了福建，到广东，清兵一个都没出动，光李成栋一支部队就把福建、广东全平了。

结果一下子，邢夫人心凉了，高杰全军心凉了。所以清军南下，高杰部第一个就降清了，马上转过头来打南明。你说史可法干的这些事儿！当然，史可法是大忠臣、节义千秋，个人的气节是没问题，但是史可法跟洪承畴比起来，在治国、治军、整个政治头脑、内政外交各方面都差了很多很多。结果史可法这么一干，导致全军更不动了，高杰部不北伐，谁都不北伐了。

结果紧接着就出了另一件大事，就是因为这党争。东林党也想有点军事力量来支持，环顾四周一看，武昌左良玉。左良玉号称有80万大军，但实际上有20多万。20多万大军已经是南明整个五镇大军里最大的一支军队了，于是派人又去联系左良玉，跟左良玉说，你看朝内奸臣当道，阮大铖、马士英等，你应该勤王进京，清君侧等等。再加上太子案爆发，太子案咱们搁到以后再讲，现在可以说一句，东林党非说是真太子来了，弘光皇帝，就是福王不让位，其实明明是假太子。本来大顺军被清军吴三桂一路追，追到西安，追出潼关，追下河南，追到湖北，结果在湖北跟左良玉接上火了，一战把左良玉打败了，大家就可以想见南明军队的素质。左良玉一想，我也甭跟这帮闯军打了，正好不是你们请我进南京吗，我就进南京得了。于是左良玉大军东下，发动内战。大家想想，在国破家亡的时候，南明一共就这几支军队了，结果居然还发动内战。东林党这帮人在那儿瞎捣乱，这帮臭知识分子们！

于是左良玉顺江东下。那皇帝急了，说左良玉来了，非拿假太子当真太子要替我皇帝位子。那时候清兵已经南下了，在清兵南下的时候，居然调江北四镇向西去，跟左良玉打内战，结果导致江北没有兵了。当时扬州一天被破了，史可法军事能力确实不如洪承畴。扬州可不是今天的扬州，当时是南方最最坚固的大城之一，城墙、护城河等防御设施极为齐全，扬州在整个明末战乱时期，几乎能做到谁都不让进。高杰还攻过扬州，扬州就靠自己的乡绅、团练、乡兵、乡勇守城，没让高杰攻进去。扬州城当时是这样，我不管你闯贼、官军、清兵，都一样，谁都不许进来，所以扬州城是城防极坚固的一个城，史可法居然一天就被攻破了。

当然大军江北四镇去打左良玉了，而且打赢了左良玉。清兵南下，江北四镇三镇就投降了，只有黄得功是殉国了。黄得功先去打内战，打赢了左良玉，紧接着清兵就已经到了扬州，到扬州的时候江北四镇都不在，扬州靠自己守，最后一天就被攻破。

史可法最后还在城破之前认了一个官军的军官当干儿子，叫史德威，因为正好也姓史。说城破之日,你替我自裁,因为我是文弱书生,下不了手。城破之日,史德威也下不了手,史可法就被俘了。史可法不是洪承畴,史可法如果是洪承畴,估计也能一直不杀,一直养着。但我们相信史可法的人格,相信史可法一直也不会投降。

**Q**：您觉得现在的普通话什么时候和古文有了明显的差距？

**A**：我的《鱼羊野史》里说了，用粤语读古诗反而更优美。普通话是我们新中国成立以后的说法，新中国成立之前就没有普通话这一说。应该这么说，汉唐时代的官话就非常像现在的广东话，所以汉唐时代的东西现在用广东话读是非常非常优美的，我经常碰见香港朋友说，你给我读一首诗。读出来，哇，如痴如醉。用普通话读就觉得好土啊，完全没那个劲。而且很多韵是不对的，大家知道广东话的声韵是比我们多的。宋的时候的官话大概有点像现在的客家话、闽南话这种，所以大家用那种话读宋词会出现很有意思的美感。到明朝的时候，因为定都江南，在南京，所以大家听南京话跟周围的都不太像，那个时候是官话。到后来当然是迁到北京去了，到北京以后有了越来越多的这种北方话。当然最重要的是清朝入关，满族人来了以后，把北方话加上他们满族人的很多话就变成了后来的北京话，后来的北京话就是清朝的官话。民国的时候有很多的争论，南方人说应该用南方话，不用南方话连古文都读不懂，曾经就这么挤对我们北方人，我记得那个吵架，那委员会里的北方人就说，你什么意思啊，你的意思就是所有的文章都是你们江浙人写的。人家说，对啊，你看看70％的状元都是江浙人。那最后还是因为北京当首都当久了，所以那个时候的国语其实就是以北京话为主的，当时叫国语，但是解放以后我们为了民族平等，就觉得把汉语叫国语对少数民族不太好，于是我们就把它叫了普通话，基本上就是以北京话为主。其实我个人觉得承德人说的话更像今天的普通话，极为标准，儿化音都没有。

# 南明悲歌 ③

## 江南大屠杀

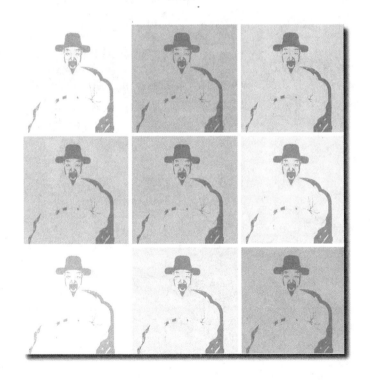

衣冠这种事儿对汉民族来说是信仰，我们没有什么别的信仰，不像欧洲人能因为上帝跟你拼了。我们有一个信仰，就是我们儒家传下来的，说我们"正衣冠"，我们所有这些孝等，你让我剃发换衣服，从我们这明朝衣服换成那窄袖的清朝衣服，那不干了。》》

如果史可法真的像洪承畴一样文武双全，股肱之臣，栋梁之才，那我相信清朝也会留着他，且不杀呢。当然了，我们首先相信依着史可法的人品，就是关他十年，他也不会投降。

破扬州之后，有"扬州十日"，屠杀得非常惨。北方的战斗民族向南方进军的时候，或者向西方进军的时候，不管是当年的蒙古也好，还是清兵也好，屠城震慑对方，是他们经常会用的一个手段。所以在扬州屠城，叫著名的"扬州十日"，大家历史课上都学了。扬州被屠了城，于是周围望风归降，直下南京，中间就没再打了，因为中间防守就都没有了，江北四镇投降了。左良玉的这支大军内战中打了一个小败仗，打完小败仗，左良玉就死了。左良玉一死，众将拥戴着左良玉的儿子叫左梦庚直接就降了清。左良玉部将中还是有很能打的，包括最后为清朝一举打下了江西、打下一大半湖南的金声桓。大家想想，南明整个就这五支真正的正规野战军——江北四镇加上左良玉这支大军，江北四镇只有黄得功保护弘光皇帝战死了，战死以后，他的部将也投降了，所以整个江北四镇等于就都投降了，再加上左良玉投降了，整个南明就已经没有了野战军，正规野战军全部降清了。大家可以对比一下，后来的闯军们，就是大顺军们、大西军们怎么铁骨铮铮，这明朝官军们怎么最后就全降了清？降了清以后，江防也没有了，清军直下南京，也没遇到什么抵抗，直接就把南京占领了。弘光朝刚刚一年，就是弘光元年，结果在这元年就被灭了。

正好在这儿，洪承畴又出现了。为什么呢？因为多尔衮到北京以后，开始觉得实行这些政策挺好，北方服服帖帖，于是在北京的时候，曾经短暂地下令汉人剃发。下令汉人剃发可不得了，汉人一下就不干了。其实对广大老百姓来说只不过换了个朝代，在中国改朝换代这事儿多了，换朝代换十几个了，换个朝代而已，换个皇帝而已，那你既然对我们还挺好，对我们减免税收等，我们就听你的了。但是要剃发可不行了，北方人民和南方人民在这方面是一样的，北方人民跟南方人民有一些区别，包括对外族的态度，北方人民是比较能容忍的。大家想想五胡乱华时代、蒙古时代，蒙古时代把北方汉人叫汉人，南方的汉人叫南人，北方因为少数民族杂居，多次进行大规模的混杂，鲜卑人也没有了，混在汉人里了，包括唐朝这李家皇帝就有鲜卑血统。所以北方人对少数民族其实能容忍。但是剃发这事儿可不行了，衣冠这种事儿对汉民族来说是信仰，我们没有什么别的信仰，不像欧洲人能因为上帝跟你拼了。我们有一个信仰，就是我们儒家传下来的，说我们"正衣冠"，我们所有这些孝等，你让我剃发换衣服，从我们这明朝衣服换成那窄袖的清朝衣服，那不干了。所以北方人民一下就起来好多。马上洪承畴这些汉族大臣就跟多尔衮说你得取消这个，咱得先把国家拿下来，拿下来以后咱们再干这事儿。所以多尔衮就把剃发令给取消了。

取消了一看，大家反应挺好，南方其实也一样，当然扬州屠城震慑这是一个原因，还有一个原因就是人民也觉得明朝不怎么好，南明朝廷征税更重，南明朝廷在福王登基的时候还说我们要怎么怎么轻徭薄税等，但上来一看没办法，江北四镇要钱，左良玉要得更多，一次要 100 万，一次要 100 万。那就又得去搜刮预征税，所以江南人民也觉得这明朝本来就已经把北方都涂炭了（整个的明末农民起义都是在北方，南方其实还富足，还能吃饭），结果南明朝廷这一弄，大家也觉得这活不了了。这清兵一来，大家觉得只要你不征税，我又不愿意被屠城，那就这样吧，南京也没抵抗就投降了，南京投降的时候，下面要讲的另一位知识分子这个时候出场了，就是钱谦益，他率领各种东林党知识分子冒着大雨跪在城外，献了城，投降了。弘光皇帝想跑也没跑了，逮着了，到北京给杀了，第一个小朝廷就这么结束了。

这一结束可不得了，多尔衮一想，南京我也占了，你一共就两京，北京南京我都占了，北直隶南直隶都归我了，这时候总可以剃发了吧。洪承畴这时候还没来，还在北京。多尔衮下令全国人民剃发，这一下子可不得了了，激起了人民的抵抗，尤其是江南人民，江南这时候也没朝廷了，也没有军队了，就是江南每一个县、每一个府都立即起来了，自己推选了各种各样的有威望的人，有退休的老官、考上的进士等，实在没有，推选一个看守所所长，就是江阴推选了一个叫阎应元的典史，典史就是看守所所长，人民说我们推选你，我们拼了。清朝说的是"留发不留头"，就是你要不剃就砍头，江南人民坚定地发誓说：我"断头不断发"，就跟你拼了。

我之前还讲过这个观点，每次外族来，北方抵抗都很弱，其实也包括后来日本人来，北方抵抗得都比较弱，有一点抗日联军等，但跟南方大规模的抵抗那么多年是不一样的。南方人民平时虽然走在街上不像北方人那样，说"你怎么着啊，我揍你。"但是南方人民有一种特别坚忍的性格，所以江南各地立刻就义旗风举，各地都断头不断发。于是清军都傻了，就开始镇压，这一打，光江阴一个地方就打了81天，就是著名的"江阴八十一天"。大家想想扬州壕宽城厚，那么大的扬州城，那么好的防御才打了1天。江阴城在这位看守所所长阎应元的带领下，居然抵抗了81天，以至于投降了清朝的明朝将军，在围城的时候，亲自到城下去喊："投降吧，我作为将军都投降了，你有什么可不投降的？你不投降全城屠杀！"阎应元说了一句掷地有声的话，特别牛，阎应元说："大明有投降的将军，没有投降的典史！"最后，81天江阴城破，全城屠尽。

咱们老说"扬州十日，嘉定三屠"，好像这是连着的，大家看地图好像打完扬州打嘉定，其实不是，"嘉定三屠"是远远在那之后，那是扬州打下来，南京也已经打下来，大家本来都挺好，就过起日子来了，结果由于清朝要求剃发，嘉定在这个时候又起来了，坚决抵抗，于是城破之日被屠，屠杀完了以后清兵走人，刚过20天又起来了，还没死的人继续起来竖起义旗坚决不剃发，然后清军再次围城，再次破城，再次屠杀，这次是杀没了，杀没了以后清军走了。又过了一阵子，四乡八里的江南农民又推举出乡绅，占领了嘉定城，继续抵抗，清军第三次围嘉定，再破城，再屠杀，叫"嘉定三屠"。

大家看江南水软风清，出各种各样的诗人、画家、江南四大才子什么的，但是江南人民真的是有顽强抵抗外族的传统。大家想想南宋抵抗蒙古抵抗了多长时间，东晋抵抗了多长时间，到这个时候也是。清朝一看，说这不行，这帮人就不怕死，断头不断发，怎么办？每到这个时候就想起洪承畴了，于是洪承畴来到了南京，而且整个江南的军政财民所有大权归他一人掌握。多尔衮说，算了，我们也搞不清楚你们这汉人怎么回事，你是南方人（洪承畴是福建人），你来弄吧。于是洪承畴到了南京立刻就改弦更张，马上以招抚为主，南直隶免税。南直隶就包括了现在的江苏、上海、浙江这一大块地方，给大家免税，而且停征漕运税。

大家知道，北京建都，其实仅靠北京周围是供养不了这么大一首都的。大量的粮食、钱、税收是要通过大运河北上的。洪承畴就带领大家疏浚运河，漕运税本来是一个苛捐杂税，洪承畴又给免除了。他又了解明朝内部那些官等，才把南方这些抵抗慢慢地弄下去。有的地方实在不投降，也只能打了。但是洪承畴平定了整个江南，我觉得这又是给清朝立一大功。至于是不是说少死了很多江南百姓是洪承畴的功，还是说咱们就要抵抗到底杀到最后一个人为止，被灭族……我不表态。洪承畴是汉奸，永远说他是大汉奸，但是他在这儿做了一些平定江南的事情，然后又给弄回北京去了。知识分子基本上到这时候就已经崩溃了，从南京城外下着大雨在钱谦益带领下全体跪在那儿迎接清兵开始，知识分子在明朝折腾了这么多年，最后一直折腾到南明，知识分子的任务就基本结束了。

接下来南明的几个小朝廷，隆武帝、永历帝就都是军人之间的事儿了，都是君王跟军人之间怎么博弈，怎么玩，就是皇子们以及军人们之间的事，军人们其实主要讲的是后期这些军人们，我要讲的是郑成功，是孙可望，是李定国……到南明后期的时候为什么又能坚持十几年，就是因为整个大西军的余部，数十万精锐的部队全部投入南明，因为那时候民族矛盾第一位，抗清成了第一位。涌现了孙可望、李定国这些人之后，整个西南地区形成了一个抗清大高潮的时候，洪承畴又去了。每到打仗不行的时候，洪承畴就去了。洪承畴又掌握了西南几省的最大的权力，这权力大到什么程度？西南几省全部的军政财权都在洪承畴手里。而且洪承畴的决定，要钱也好，要这要那也好，中央各部都要听他的，就是大权在握，最后又平定了西南。

　　大家记得那时候咱们讲松锦大会战的时候，吴三桂就是洪承畴的部下，八总兵之一，到这个时候吴三桂已经是平西王了，镇守云南。洪承畴离开西南之前，临走的时候还跟吴三桂说了一句意味深长的话。吴三桂问洪承畴："我怎么样才能世镇云南？"因为吴三桂现在在云南当平西王，那他死了怎么办呢？他儿子以后怎么办呢？当时吴三桂可没有像明朝时候的沐王府世镇云南一样。吴三桂当然也想当沐英了，就问：我怎么世镇云南？洪承畴说了一句话："一定要让边疆无一日安宁，你千万不能到缅甸把永历皇帝抓回来。"这句话你可以两面听，一面是说洪承畴就是一大汉奸，坏极了，他是为了帮另一个大汉奸吴三桂，说你只要养寇自重，就是只要留永历皇帝在缅甸（永历皇帝最后流亡到缅甸去了，李定国也大概在边疆一带，就是国境线那儿待着，其实已经没什么可威胁的了），你就可以世镇云南。但是从另一个角度讲，洪承畴心里是不是也有一点点愧疚？因为永历皇帝已经是明朝最后一个皇帝了，永历的死就意味着南明最后的结束。那你说洪承畴这么跟吴三桂说，是不是也不想让吴三桂到缅甸去把永历抓回来杀了，要给明朝留一点点希望呢？这个我不发表意见，只是让大家去想。

洪承畴立了这么大的功劳，最后老来却不行了，一只眼睛操劳得已经瞎了，另一只眼睛也快看不见了，也瘸了。最后回到了北京，被封为什么爵位呢？大家知道吴三桂可是平西王，王本身就已经是最高爵位，而且在王前边冠以方向或者地名的王是第一等王、最重要的王。因为等于你有封地，平西王、定南王这些就是，这地方就是你的了，你就在这儿待着。其他的王就没有这个，比如说孙可望后来投降清朝叫义王，义王就是没地盘，在北京给你一宅子。王下面还有公、侯、伯、子、男。洪承畴最后告老还乡、回到北京时已经是快70岁的人了，封了他什么爵位？三等轻车都尉。三等轻车都尉是一什么爵位？是除了王以外的第六等小爵。除了王以外就是公、侯、伯、子、男、轻车都尉，而且他是三等轻车都尉。大家知道他的职务可是最高职务，当时清朝给洪承畴的职务是你在明朝是什么职务，你在清朝就是什么职务，在明朝洪承畴可是做到最顶层了，出将入相、大学士、太子太保等一大长串。他在这么高职务的情况下只被封三等轻车都尉，我觉得这完全就是羞辱。

整个清朝统一中国，洪承畴立下了一等大功，是国家最重要的股肱重臣，到了北京平定了北方，到了南京平定了江南，到了西南平定了西南。在这种情况下被封了三等轻车都尉，不但只是这么寒酸的爵位，而且后面还加了一条——只许世袭四代，这简直是活活把人给骂死。当然你也可以说张良也没封王，刘邦得了天下以后封了七个异姓王，那七个异姓王都是军人，张良是没封，但那是人家不要，人家隐退了，张良知道"飞鸟尽，良弓藏"。洪承畴又不是这种人，要是这种人他怎么会投降？投降就说明他还想活下去，他还想要功名富贵，他这么鞠躬尽瘁地为清朝服务，最后眼一个瞎了，一个也快盲了，最终封了一个三等轻车都尉。我觉得这就是汉奸的下场，大家一定要记住这就是汉奸的下场。

洪承畴从福建老家把妈妈接来享福。他妈妈走的时候家乡人都不相信，洪承畴老婆痛恨丈夫投清当了汉奸，出家为尼。他妈妈更是一个像岳母一样的节烈妇女，怎么能去北京？他妈妈说我去。结果到了北京一下车就拿起拐杖痛打洪承畴，说你妈我都这么老了，你是让我到北京来当老妈子的吗？因为清兵入关以后，清朝还保留着很多他们那种原始的规矩，其中有一个规矩就是朝廷高级官员的家属必须轮流进宫去服侍太后。服侍太后不就是当老妈子吗？他妈妈说，你让我去当老婢吗？我都这把年纪了你什么意思？你是供养我吗？我不当老妈子！痛打洪承畴。洪承畴没办法，让妈妈回家。然后说那我去家乡盖一豪宅吧，把妈妈弟弟都接来，咱们过过好日子吧。盖了一个大豪宅，他们全家没有一个亲人进去住，那宅子就一直空着，一个人都不去住。他请他妈的时候，他妈穿上了结婚时穿的那身礼服，端坐堂上破口大骂，坚决不去那儿住。他找他弟弟去，说："弟弟你说说妈吧，你就带她到这豪宅去住吧，这是我奋斗一生挣的一点功名。"他弟说："我上不顶清朝天，下不踩清朝地，不共戴天。"他弟弟为了表明自己的决心，造了一条船，带着洪承畴妈妈两个人住在船上，表明上不顶清朝天，下不踏清朝地，就在船上服侍老妈。

最后他们家乡还建了一个庙，中间供的是洪武大帝朱元璋，旁边供着各种忠臣。大家用手指着洪承畴盖的豪宅，意思是说你这个汉奸。洪承畴是非常惨的。洪承畴这个级别已经相当于最高级的党和国家领导人了，死的时候，那当然是要皇帝亲自御制碑文。洪承畴的墓其实就在北京车道沟，已经被不停地刨过了，这个御制碑文当然现在也没有了，现在大概就只剩半个石狮子还在那儿。康熙皇帝御制碑文，上面管洪承畴叫"尔"，说先帝在松锦大破明军13万收尔，就是说你是怎么投的我，是我们收了你，"收尔"，然后说尔怎么怎么着，尔做了什么贡献，尔做了什么……这样的一个碑文就是在羞辱洪承畴。然后到了乾隆朝的时候，乾隆有很多传说，说他是什么汉人私生子之类的，乾隆非常爱汉，他觉得自己就是个汉人，非常爱儒家的这些所谓忠臣烈士、什么大名士等等。乾隆最后修清史的时候，专门要求编纂《贰臣传》，你想想"贰臣"这是多么难听的名字，把洪承畴列到《贰臣传》里，列贰臣甲等。

这就是汉奸的下场。尽管洪承畴也努力地维持了北方没有大打，没有杀那么多人民，努力地维持了江南的减税、免税等，想给江南人民造点福，到西南他也希望吴三桂不要抓明朝皇帝回来，当然吴三桂没听他的，导致了杀身之祸。吴三桂最后把永历皇帝从缅甸抓回来，然后在昆明街头将他绞死。绞死以后才导致后来康熙削藩，三藩之乱，大家看过《鹿鼎记》就知道三藩之乱，总之没有听洪承畴的。……但是这就是汉奸的下场。

最后，我提一个小小的思考，就是洪承畴平定了江南、平定了西南给清朝立下这么大的功劳，换句话说如果从祖国统一的角度讲立下了最大的功劳，却是天下第一大汉奸。施琅也是叛了南明、叛了郑成功，郑成功一直奉南明正朔，如假包换的叛将汉人施琅平定了台湾，被列为大功臣、大爱国者。大家还给施琅建庙，说施琅统一了祖国。施琅也是剃发降清的，也吊着辫子，而且他只是把台湾这么小一块地方平定了、统一了。施琅为什么是被大家歌颂的大功臣？当然施琅对台湾人民也不错，但是洪承畴对江南人民、对西南人民也做了很多仁政。为什么洪承畴是第一大汉奸？为什么施琅是一个爱国者？

**Q**：美国人怎么看待足球这项运动？

**A**：世界杯曾在美国举行过，贝克汉姆还来洛杉矶银河队踢过球，但是美国人对这足球一直都没有什么印象。说实在的就几乎没听见有人说起 Soccer 这事。英国管足球叫 Football——拿脚踢的球，美国人管美式橄榄球叫 Football，管足球叫 Soccer。美国人说起 Soccer，想的就是带着自己 10 岁的女儿去学校，因为好像女生踢球比较多。美国的大学为了男女平等，招那么多橄榄球运动员的同时，得招同样数量的女生。没有运动能消化那么多女生，所以女生踢足球。当然这是之前，这届世界杯有了很大变化，这届世界杯居然有 2500 万美国人看直播，这已经超过了格莱美奖，格莱美奖都没有那么多人看直播，而且到处在谈论，当然谈论的特可笑，因为他们确实不懂足球。

我还在圣保罗的时候，圣保罗的美国领事馆召集在圣保罗的美国人在一个酒吧里看球。我正好路过那儿，我就在那儿看。美国人让我乐死了，看球的时候不知道喊什么口号，除了喊 USA 以外，就只会 Defence、Defence、Defence！就是大家看美式橄榄球的时候喊的口号，因为橄榄球攻是攻方，守是守方，然后换过来这边攻那边守，不像足球随便你攻或者我攻，或者英式的橄榄球也是随便对攻。这些美国人看足球的时候居然喊Defence，不进攻了，给我乐的……

美国人也不懂足球规则，不知道什么叫 Offside，说这越位是怎么回事？为什么这人就犯规了？但热情还是有的，而且百分之六七十的美国人受访的时候相信美国会得世界冠军，因为他们不知道谁强谁弱，就觉得我们美国肯定是最强的，我们美国干什么都是最强的！但是这一次确实给美国人普及了很多很多足球常识，我开会到经纪公司或电影公司去，大家都谈论美国的上一场球如何如何。我相信通过这一届世界杯，美国开始有人看足球了。

# 第十一章

# 南明悲歌 ④

## 名妓与名士

一代大名女柳如是就是这样的下场。长叹一声，陈寅恪先生是喟叹，我们也是。再看看李香君的下场，李香君最后也没等回来侯方域。再看看陈圆圆的下场，再看看"秦淮八艳"其他人的下场，她们也都跟过大名士，包括吴梅村这些大诗人，不过最后也都事清了。所以一代才女、一代大名士总被雨打风吹去。》》

大名士是中国尤其是明朝末年最最重要的，那时候各个党的党魁其实经常不是一个大官，而是一个大名士，大名士也代表了整个江南最最重要的文化。所以改朝换代的时候大名士们在干吗，我觉得也很重要。这期开始就讲大名士——当时南明东林党党魁钱谦益。

讲钱谦益，其实主要是想讲柳如是的故事，"秦淮八艳"之一，在南明这个国破家亡的时代，这些弱女子们反而有铮铮铁骨，比她们的丈夫们、情人们、恩主们还要更有些气节。

我也说了南明的历史材料非常杂乱，清朝刚建的时候销毁了大部分，民国建立之前为了反清又杜撰了一大部分，大家讨论起来其实各有各的史料，众说纷纭。但是这期我要讲的，因为有大师陈寅恪

》陈寅恪

的考证，所以我觉得基本上是靠谱的。陈寅恪是我们清华国学院的伟大的导师，我觉得陈寅恪在学术上堪称伟大。他晚年在没有学术自由，各种各样的自由也没有的情况下，保持了中国知识分子的风骨。他在中山大学教书的时候，北京派人来请他当历史所所长。他不当，他说："我决不反对现政权，在宣统三年时就在瑞士读过资本论原文。但我认为不能先存马列主义的见解，再研究学术。"那当然是不行的了，于是他也就没当这所长。到后来，1957年，郭沫若大批判陈寅恪，说我们用马列主义武装起来的历史研究者难道找不出比陈寅恪更多的史料吗？我们有这么好的方法为什么一定要依赖陈寅恪呢？

陈寅恪晚年在双目已盲、双腿已膑的情况下，就靠口述了十几年的时间完成了《柳如是别传》。我觉得如果大家不是特别地要研究历史，其实这本书不是很可读。因为那里大量的是考证史料，写得很不像引人入胜的小说，或者评书，哪怕是那种充满了情感的故事都没有。陈寅恪先生是以大量的史料在讲柳如是的故事。当然陈寅恪是非常非常敬重这位青楼女。大家想一想在那个动荡的时代，陈寅恪先生在各方面都不自由的情况下，为什么用十几年的时间写一部《柳如是别传》？其实他是通过《柳如是别传》写了一段南明的悲歌。为什么要写南明的悲歌？南明是最考验知识分子气节、最考验每一个人气节的时代。当外族入侵的时候，普通老百姓养家糊口，当然没有人要求普通老百姓做什么，但是作为知识分子，像陈寅恪、钱谦益这样的大知识分子还是应该有气节的。尤其是像柳如是这样的人都有气节。所以大家要想到陈寅恪先生在最后的晚年写这样一部80多万字的大书的深刻而悲怆的用意所在。我基本上就选取这本书里的史料了，因为我想研究历史方面比陈寅恪先生还要厉害的人，迄今还没有看到。

看各种各样的描述，在"秦淮八艳"里，柳如是应该不是长得最好看的。最好看的，我觉得应该是陈圆圆，最可人的应该是董小宛，董小宛可人得简直是让人心碎。我觉得最深情的应该是李香君，李香君最后对侯方域的深情，大家可以去看《桃花扇》。但是我觉得最聪明的、最有的可讲的、最像今天的女性的（就是有自己的主见、有自己的理想、有自己一步一步去做事的想法）那当首推柳如是。应该说柳如是这样一个人，如果她不活在晚明这个风雨飘摇的时代，而是活在唐朝，那她应该就是鱼玄机，她诗写得比较漂亮，词写得比较漂亮。陈寅恪先生同时是历史和中文的教授，以陈寅恪先生深厚的文学修养，他是这么评柳如是的词的：柳如是的词写得比她的老公钱谦益要好。当然钱谦益首先是一个学者而不是一个大作家。柳如是是先后经过了几位男朋友——晚明最大的几位词人的熏陶，才成为一代大才女的。柳如是还有一点跟鱼玄机很像，就是性很开放，各方面都很开放。她长得不高，看描述有点像那种 Bombshell（性感美女）、肉蛋似的样子，皮肤很白。柳如是嫁给钱谦益的那天晚上，有一句特别有意思的对话流传下来。钱谦益说："我爱你的乌的发、白的肉。"然后柳如是说："我爱你的白的发、乌的肉。"这个很有意思，因为钱谦益娶柳如是的时候已经五十八九岁了，所以两个人倒过来。柳如是是很聪明的。

其实"秦淮八艳"的出身都很惨，不然也不会堕入风尘。柳如是更惨，出身也不可考，原名大概是叫杨爱这么个名字。自己改了艺名就姓柳了，确实也比较柳。她的身世比较惨，从小就流离失所，也不知道父母是谁，被养入了退休宰相府。崇祯朝有大量的前宰相，他们回到家乡住，江南当然是最多的了。柳如是进了前宰相府当婢女，婢女逐渐长大是一定要收房的，尤其像柳如是这么好看的。不管前宰相有没有治国能力，他至少是考上进士、当过翰林的，文学功底是很好的。所以可以说柳如是是文学启蒙跟性启蒙同时开始的，是坐在宰相的腿上开始学习文学。柳如是非常聪明伶俐，不但宰相喜欢她，宰相他妈都特喜欢她。她长到 14 岁的时候已经非常非常地明艳照人、才华横溢，于是相府众妻妾就容不下她了。本来要打死她，因为她们说她偷人，偷不偷人无可考，陈先生也没法考，但是柳如是确实是比较柳，总而言之，最后被宰相他妈保下来了。老太太说，你赶紧走吧，别在这儿了，不然的话偷人按照那时候的传统是要放猪笼沉江的，所以就轰走了。

走了以后没办法，就到了秦淮河。秦淮河其实就是南京的一条运河，秦淮河畔是当时最繁荣的烟花柳巷。柳如是到了一个名妓那里去，在她那儿开始受到培养，那名妓也请了好多老师教她。那时请老师就像今天的经纪人一样，教你这教你那，将来卖个好价钱。她迅速就超过这个名妓，成了名扬天下的柳如是。为什么名扬天下？这个经纪人想了个特别有意思的招。在外边挂了一块牌子，上面写着："宰相下堂妾"。下堂就是离开宰相家了，甭管是被轰出来了还是自己走了、赎了身，反正叫宰相下堂妾。这块招牌可不得了，大家一看，虽然崇祯朝宰相多，但再多也就那么些个，于是一下子各种公子王孙什么的都来了，大家都想看看这宰相下堂妾是什么样，于是她迅速就成名了。

在跟钱谦益之前的这几段恋情都很有意思，首先就是她跟当时江南最重要的三位大词人，如果有那么一本叫《近三百年词赏析》之类的书的话，大家会看到排到第一、第二、第七的三位都是她前男友。排在第一的陈子龙是她的男友，他们两人是最相爱的，她嫁钱谦益的时候都跟钱谦益讲过，我最爱的人是陈子龙。排在第二位叫李雯，李雯，陈先生没有做过多考证，但是李雯自己的诗词里表露得非常清楚，他也是非常依恋柳如是的。然后就是排在第七位的宋徵舆，大富二代。他们三个人都是才貌双全、大富二代，并称"云间三子"。三个人都是上海松江人，上海松江好像还比较产才子，咱们现在也有能写作的上海松江大才子。而且这三位是晚明最好的三位词人，这300年来的词人里他们都列在前十名。这三位先后当了柳如是的男朋友。

第一个就是宋徵舆，宋徵舆最年轻，差不多跟柳如是同龄，都是十五六岁、十六七岁的时候。那时候都成名早，成熟也早，两人就谈恋爱。柳如是是非常会一步一步经营自己的，当然经营自己跟忠于国家、有气节是两回事，史可法也经营自己，总之不像洪承畴那样的经营就行了。尤其是秦淮河畔一个孤苦的女孩怎么办呢？总要经营自己，所以她先看上的就是这宋徵舆，因为宋徵舆没老婆，那时候太年轻，陈子龙等都有老婆。于是跟宋徵舆谈恋爱，谈得很好，宋征舆爱她爱得不行，爱到什么程度呢？宋征舆第一次去见她，她在一条船上，有人报告说："'云间三子'的宋征舆来了！"她一听宋公子来了，说："别着急，我这还没起床呢！等着吧！"然后说："他要真想见我，那就让他下水来吧。"宋征舆一听毫不犹豫，大冬天直接跳河里了。柳如是一听说这公子这么喜欢我，赶紧让他上来，湿淋淋地抱在了怀里，而且据说是光着膀子抱在怀里取暖。跟宋征舆谈恋爱谈得很好，而且她很想嫁宋征舆，谁都想嫁一个又有钱又有才，长得又帅又年轻的人。

但是宋征舆的妈可不干了，你想想宋征舆是大世家子弟，他妈说："你跟这柳如是玩玩就得了，你还跟人家热恋上了，不行！"他妈买通了地方官，地方官下了一道命令，说外地来的妓不能在此地营业。妓跟娼不一样，娼是真卖淫，妓就是青楼女，妓在那个时候还是不一样的，是会琴棋书画的。就是这样的一道命令，非要给她轰走。柳如是的性格从那时就能看出来，柳如是就找到宋征舆，说："我现在待不住了，我得走，除非你给我一个名分我就不走。"其实就是逼婚的意思。柳如是是"八级"古琴，古琴、古筝都弹得特别好，她拿了一把琴，说："你看怎么办，现在你要不要给我一名分？"这个宋征舆跟所有的文艺青年、富二代一样，关键时刻掉链子，在那儿唯唯诺诺说："可是我妈说了我怎么办，要不然这样吧，你先去避避风头，让我再想想办法。"谈恋爱的年轻姑娘只要听见男的说这种话就是没戏了。宋征舆说完这句话，柳如是抄出刀来直接就把面前的琴砍成两半，从此终身没再见宋征舆。

后来宋征舆事清，我之前讲过降清叛国跟事清是不一样的，你原来是深受明朝国恩，你是明朝的官，你吃过俸禄，你受过皇恩，你降清，那是汉奸叛国。事清只是说，我没那么坚定（当然确实有隐士终身不仕，冒辟疆就没仕）。但是宋征舆年轻愿意考进士，还考上了，后来在清朝当的官越来越大。柳如是在跟钱谦益隐居的时候，两人唱和的词传遍江湖，也被宋征舆看见了。宋征舆作为大词人特别生气，对这事儿一直耿耿于怀，都过了很多年还专门写了一封信臭挤对了一通钱谦益。

还有两位，一位深深地恋着柳如是，但柳如是还是选择了陈子龙，而且柳如是是自己去找陈子龙的，因为陈子龙是"云间三子"之首，是整个江南词坛的执牛耳者，而且她看人很准。要知道光铁骨铮铮很容易，明朝知识分子干各种各样的折腾事儿，把朝里弄得乌烟瘴气，只要敌人来了一死报君王就好了。这种知识分子不值得提倡，您是最后一死报君王成烈士了，可您之前也干点好事啊！陈子龙不但铁骨铮铮，也是有雄才大略的人，他不但是江南词人领袖，而且在晚明的时候为了报国，抛弃文学最后投笔从戎，投笔从戎之前他干了大量的事儿。他深感科举文人专门读诗词、四书五经没办法把这个国家弄好，于是他用了大量的时间考证了各种各样的史料里面有关经济的、农业的、水利的，甚至科技的内容等，编写了一大卷书。就是为了让晚明的知识分子们放弃写诗写词，说我词坛领袖都不写了，咱们来学经济，咱们来学习治国，咱们来学习这些东西吧等等。而且自己还把徐光启的有关农业的书又编了一套，出了一本有关农业的书。陈子龙是一个非常有治国理想的有志青年，而且才貌双全。

陈子龙比柳如是大了差不多有十岁，所以这时候已经有老婆了，不但有老婆，还有妾，而且还很花。他跟柳如是几乎就是同居热恋两年，还在这中间又娶了一个妾，但柳如是不离不弃。柳如是很多地方是自己想好的一步一步走，但是对陈子龙是真的有爱情。就是不管你做什么，我就死活跟你。直到最后陈子龙家里妻妾一直闹，再加上国破家亡等，最后投笔从戎，到太湖加入水上游击队。陈子龙一直抗清到最后被捕。被捕以后，在路过一个小桥的时候，自己投水身亡殉国了。投水身亡之后尸体还捞出来被凌迟削首了。

所以"云间三子"都当过她男朋友，但是两个事清，一个壮烈殉国，就是陈子龙。说明柳如是很有眼光。除了陈先生这史料以外，其他史料也有写陈子龙当时就没见她等等，其实就是她追陈子龙……其实不是，因为陈先生有大量的史料证明他们两人是同居在一起的，我坚定地相信陈寅恪先生——他们两人是热恋的一对情侣，她最后跟钱谦益都讲，她一生最爱的是陈子龙。

李雯是云间三子的另外一位，诗文词也写得很好。其他史料还有说李雯最后坚持抗清，然后清兵来了自杀，没死了最后被清兵补刀死的。也不是，李雯是事了清，不但事了清，而且与两封重要的书信有关。这个很有意思，清军渡了淮河兵围扬州的时候，史可法还是有着赫赫威名的，所以多尔衮写了一封信给史可法劝降，这封信就是由文采飞扬的李雯执笔。史可法当然是不降了，就写了一封回绝信，史可法自己文采不够好，那是由谁来执笔写的这封坚决不投降的信呢？就是"秦淮八艳"的另外一位李香君的男朋友侯方域，侯方域是"江南四才子"之一。两位大才子，"云间三子"之一的李雯写了劝降信，江南四才子之一的侯方域替史可法写了不投降的信。这是一段很有意思的小历史。

侯方域也在东林党的党争中起到了一些不好的作用。这个历史上各有说法，其中一种说法就是，因为侯方域的爸爸就是发现、提拔左良玉的，所以侯方域最后到了左良玉军中撺掇左良玉说京里边阉党太坏，起兵勤王，导致了南明内战，然后清军迅速南下。当然在那种风雨飘摇的时代，知识分子们各种各样的选择，我们不多评价了。

总而言之，柳如是先后跟"云间三子"谈恋爱，但是都没有什么结果，尤其是跟陈子龙没了结果以后就特别伤心，目前留下来的柳如是的词中有大量的是跟陈子龙的唱和之词，那个唱和之词大家有机会可以去看看，里边描写了大量的性，很有意思。这时候柳如是已经快20岁了，那个年代的女性要快20岁了还不嫁确实有点太晚了，大家想想林黛玉十二三岁就开始谈恋爱了。她就开始想既然爱情没有了，那我就为未来规划一下，找个谁嫁了吧。当然追她的人多极了，在跟"云间三子"先后谈恋爱的过程中，还有前首辅徐阶（那可不是一般的首辅，徐阶可是明朝著名的大首辅）的孙子，徐公子也来追过。柳如是特别有意思，是那种特别有豪侠之气的女性，而不是那种遮遮掩掩的。她就明说："徐公子你也来追我，可是你知道我跟谁谈恋爱吗？我跟'云间三子'谈恋爱，您觉得在那三公子面前您能行吗？您有文采吗？虽然您也是首辅徐阶的孙子，不过您还是别弄文了，弄文你比不过他们三个，你还想追我的话，你去投笔从戎、去打仗去当武的吧，那你在我这儿还有一点特点。"柳如是不知道有什么魅力，所有男人都为她神魂颠倒，结果徐公子真的投笔从戎练武去了，真的最后就是中炮身亡战死了。这是一个小插曲。

追她的人很多，想来想去挑了一个江南大儒钱谦益的学生，觉得家里有钱又是大富二代。结果一交往，就怎么都觉得不对、不行，然后就算了，就不跟他谈恋爱了。你想想，跟"云间三子"谈过恋爱的人，再跟这些人谈，虽然也会写两句歪诗，但是跟他们是不能比的。结果这一不谈恋爱不要紧，这位富二代是钱谦益的学生，家里又有势力，于是就不干了，用了各种方法、各种势力折腾她，折腾得她实在是走投无路了，最后想："在整个江南什么人能制住你呢，什么人能罩住我呢？那只有江南文坛领袖、东林党的党魁钱谦益可以。"于是就自己弄条小船直接开到钱谦益他们家去了。

这个柳如是特别有才，陈子龙也是她自己找上门的。她还穿了男装到了钱谦益家，她经常爱穿男装，因为她本身有豪侠之气。钱谦益当时都五十好几岁了，柳如是写了一首诗让人送进去，别人送进去说："外面有一位公子求见。"钱谦益连诗都没看说："求见我的人多了，我实在没空，你就让他滚蛋吧。"于是就没见着。第二天柳如是又写了一首诗，这首诗里就透露了自己是一个美女，报信儿的说："这人又来了，非让您看一眼这诗。"钱谦益拿过来一看，说："你为什么昨天不告诉我这是一美女，这不是什么公子，你看不出来吗？人家穿男装就是男的吗？从人家诗里一看就是女的！马上让人进来！"一进来一看是大美女柳如是，两人互相闻名。柳如是曾经说过说非钱谦益不嫁，当然那时候还是在青楼里头写诗。钱谦益也知道柳如是的芳名，尤其是她的文名，于是两人一见如故。

钱谦益也特逗，不敢把她带回家里，因为家里大院里大老婆、二老婆一堆老婆，于是下令说马上盖一个小房子，十天之间就盖了一个房子给柳如是住。柳如是就住在那儿，但是她非常有手腕，就是不跟钱谦益来那个，她了解老男人，跟年轻人上来就干柴烈火，跟老男人就得逗逗。两人就写诗唱和，就是吊着钱谦益，吊着吊着她还走了。她特别有心机，就是为了争名分。其实你说像钱谦益这种人女人见得少吗？像当年陈圆圆、董小宛什么没见过？但钱谦益心痒难搔，实在受不了，最后追到柳如是那儿，说："我娶你！"柳如是说："光娶我不行，我要当正房！"这正房、二房都还健在呢，在这种情况下钱谦益老怀怦怦跳，到了这个年纪突然有了爱情，这爱情对他来说就是终于找到了一个心灵伴侣。钱谦益就疯了，当即就决定说："好，我以正室娶你！"大家知道这可是犯罪了，过去像钱谦益这种级别的人娶几房妾也没人说，娶小老婆都没人说，要在青楼里待一辈子也没人管，但是在正室还在的情况下，作为大儒、东林党党魁，东林党天天讲究的就是儒家那一套的东西，居然要犯重婚罪。中国古代是一夫一妻制，不是一夫多妻制，妻只能有一个，叫"与夫齐"嘛，结果钱谦益不管了，就在正室还在的情况下，以迎娶正室的方式娶了柳如是。

那天的婚礼特有意思，婚礼放到一条大船上，两人吟诗作赋。大船敲锣打鼓，钱谦益穿上大礼服去娶，所有的人在旁边围观。江南士子破口大骂，说："钱谦益你这伪君子，你竟敢犯重婚罪，你竟敢娶这个烟花柳巷的柳如是当正房，你要不要脸？"钱谦益根本就不为所动，都活到那个岁数了，人都活明白了，一生里终于碰见了心灵伴侣，什么都不管了，就这样。大家一看，骂他他还不怕，那动手吧，于是捡起各种砖头瓦片冲船上砸。最后两人婚礼办完，回到家的时候，一看船上有半船砖头瓦片，两人哈哈大笑。柳如是是那种巾帼英雄，钱谦益已经五十八九岁，活明白了，两人根本没当回事。

后来钱谦益直接就从家里搬出来，说："你就是正室，我就搬出来，我们要亲建一个绛云楼，咱俩就在这儿双宿双飞，咱俩就在这儿当心灵伴侣。"结果一算没钱了。钱谦益养了一大家子，做官又不顺，没钱了。没钱怎么办？

想起自己那学生挺有钱的，就把那学生叫来卖他点东西。那位学生就是柳如是前男友，就是把柳如是逼得没办法找钱谦益来的那位，人家没事，大儒有大儒的胸怀，说："前男友你过来，我卖你两本书，这两本书可是最珍贵的，是宋版两汉书。"大家知道《汉书》《后汉书》，宋版两汉书，钱谦益当年收这两本书就花了 1200 两银子，1200 两当时是巨款，说："学生你来，你们家有钱，我卖给你吧。"学生心说："你这老师把我女朋友抢走了，还要从我这儿募集给你们俩盖爱巢的钱？"于是说："那不行，1200 两太多了，我得减 200 两，就 1000 两。"钱谦益说："那得了，1000 两 1000 两吧。"前男友给了后丈夫 1000 两银子盖了绛云楼，两人在里边吟诗作赋等等，幸福极了。

钱谦益的诗文中写了大量那时候两人极为幸福的事，但是再幸福没用，历史大潮来了，崇祯完了，南明风雨飘摇。作为东林党领袖，钱谦益总得去吧，于是入朝为官，当尚书，相当于正部级干部。钱谦益在入朝为官的时候表现得不是很好，去巴结了马士英，巴结了阮大铖，于是大家说你这人怎么这样？但是说实在的我应该这么说，如果没有柳如是，钱谦益肯定比谁都铁骨铮铮，但钱谦益到了五十八九岁终于有了一个心灵伴侣，找到柳如是这样的人，有这么一个姑娘陪着，所以想多挣点钱。

钱谦益做学问时，柳如是帮他查书比今天用谷歌还快，当时钱谦益写的那些记录说，我这爱妻之好，就是我在做学问想查什么时，柳如是就直接走到那儿拿着那本书，要知道他们的两层楼都是钱谦益收的书。这有点像什么？有点像赵明诚跟李清照。赵明诚、李清照这心灵伴侣是最著名的，就是每天晚上吃完饭两人喝茶，面前堆满了书，两人就打赌某句话在哪本书的第几页第几行，然后两人翻开一看，你赢了你先喝茶，我输了我后喝茶，两人经常笑得把茶杯都打到书上了。说白了钱谦益好容易终于有了好日子，所以又巴结马士英，又巴结阮大铖了等等。巴结也没用，因为弘光朝就一年，清兵就来了，清兵来了皇帝也跑了也抓走了，马士英也跑了，阮大铖也跑了，南京城里最大的官就剩钱谦益自己了。

这时候钱谦益可不是名士了，名士不当官可以，当了官大家就问他，"现在南京城里首辅跑了，马士英跑了，阮大铖跑了……那咱们怎么办呢？"钱谦益说："那就献城投降吧！"柳如是当场就炸了，柳如是说："我嫁你是因为你是当世大名士，我没想到你是这样一个人。国破家亡，这个时候就得投江，这时候不投江还怎么样？投江！"钱谦益说："好吧，投江。"于是先写诗，大家知道这知识分子想要殉节之前的事且多着呢，又写了各种各样的诗词文等等。然后喝酒，找了一帮人在江上喝酒诀别。早上开始就玩这些事儿，一直到下午，终于准备投江了，一摸说水太凉不宜跳。给柳如是气的，柳如是说你不跳我跳，奋身就要跳，被一大帮人拉住。其实柳如是跳了估计钱谦益也跳了，因为钱谦益其实也是一大知识分子，就是因为这爱情……

最后什么情况？东林党这些所谓铁骨铮铮的知识分子在钱谦益的带领下跪在南京城外，在大雨中迎接清兵铁蹄入南京。他们骂死了八回的马士英干吗去了？骂死了八回的阮大铖去哪了？逃到浙东继续组织游击队抗清。当然阮大铖最后还是降了清，但是马士英最后也没降清，被东林党知识分子骂成阉党的那帮人，最后坚持抗清了很久很久。结果清兵入了南京以后，马上把南京改名江宁，因为这里不是京了，咱们之前讲过在中国叫"京"那就必须是首都，所以北京在燕王朱棣时代叫北平，后来燕王朱棣定都于此才叫北京，南京因为一直是留都、陪都，所以一直叫南京。当年朱元璋把北京叫北平，这回清政府管南京叫江宁，这个想起来很有意思，江南宁静了，被我平了，所以叫江宁。南京这个名字是从这个时候改成江宁。

钱谦益这时候说："我既然降了，我就北上当官吧。"柳如是打死也不从。柳如是说："你去北京当官我绝不去，要去你就自己去。"钱谦益没办法，那这时候清兵都来了，那你还怎么办？你投了降你不去？别人不去可以，你钱谦益必须去。于是钱谦益北上，到了北京给他降了两级，从尚书变成侍郎，这就降多了。又不得志，你想想满人连洪承畴都看不起，甭说钱谦益了，洪承畴文武双全、栋梁之才，钱谦益除了会做学问、写两首歪诗也没有什么治国之才。柳如是也不在身边，于是钱谦益痛苦得要死，刚过了一年多就称病回家，找柳如是去了。

回家一见着柳如是，他儿子就开始告状说："爸，柳如是就是烟花柳巷女子，你不在的时候，她还跟一个人通奸。"钱谦益就是要心灵伴侣，尤其晚年找到心灵伴侣有多重要。陈寅恪先生觉得这事儿可能是真的，真的有可能柳如是跟别人好过，但是钱谦益根本不问，也不查，也不谴责。而且他自己有这么一个心理：我叛国降清，作为一个大知识分子我大节已辱，我有什么资格再去问柳如是，说你失小节。于是什么也不问，两人继续隐居过日子。

好好过日子也不行，因为抗清此起彼伏，钱谦益是门生满天下，大家知道抗清的大量的名将，包括张煌言、郑成功都是钱谦益的学生。一会儿这个门生抗清了，一会儿那边故旧又抗清了，一会儿把他牵连进去，一会儿又把他牵连进去，一会儿在家待着时清兵来捕，要把他带去北京。我觉得这时候柳如是非常好，清兵来抓钱谦益时，柳如是正患病，一听说钱谦益要被抓去北京，直接拼了命地追上去说我要一起去北京，而且上书要求替死，然后自己又拿钱打点等等。柳如是是非常能干的，最后两次营救了钱谦益，都把钱谦益救出来了。其中第一次的时候营救得还非常漂亮，按照她的整个布置大家去打点，去让案主翻供，另外一个案主自杀在狱中死无对证等，钱谦益被救出来。

当然柳如是也在不停地撺掇钱谦益，说："你作为一个大知识分子这事儿没完，到处在抗清，钱谦益你在干吗呢？江南士族都唯你马首是瞻，你出来说句话干点事儿。"而且柳如是卖掉了自己的陪嫁家产，作为青楼大美女都有钱，去资助了一支500人的游击队，说这500人没钱我卖掉我所有的东西资助。最后钱谦益一看，说我老婆都这么节烈，我也别那个，于是钱谦益开始联络各方，然后图谋复明。而且钱谦益出了一个特别好的方法，今天看都是南明能打败清朝最后的机会，因为当时南明水军最强，水军不但强于清朝，甚至当时郑成功的水军加上南明后来的张名振、张煌言的水军是强于整个太平洋、印度洋上的水军的。可以封锁长江，把长江以南的清军都截在江南，然后西南那边有大西军出兵，东南这边已经有原来反叛的明军又反正的，一起收复江南。然后派人花钱、派人到处联络等等。最后因为各个将领之间不和，到了长江等不来南边的人，到了湖南等不来东边的人，到了广东的等不来福建的人……总而言之，钱谦益主持的一个大型的反攻收复江南的计划最后也没成。钱也花光了，理想也破灭了，眼看着清朝的皇帝们一个赛一个地能干，眼看着多尔衮完了，顺治还很精明强干，紧接着就是康熙来了，眼看着治国治得还越来越好。不要说钱谦益了，什么黄宗羲、顾炎武这些人都退了。那些人当然说我不出仕，但是也开始说这看来是没戏了。

到了晚年惨成什么样，本来就穷困潦倒，最大的财富就是那堆书，结果家里又被偷、又被烧了，书都烧没了，大家想想钱谦益这种大儒这一生积攒的这些书。最后钱谦益悲愤地跑到外面冲着那大火喊："你能烧我屋中书，你烧不了我腹中书，这些书都在我肚子里呢。"到最后惨极了，两个人穷困潦倒了，钱谦益又卖字、卖文，但已经老得瞎得写不出文来了，黄宗羲正好来访，然后有人来买文，拿了几两银子，钱谦益已经完全写不了了，就求黄宗羲代写，开始没敢求黄宗羲，黄宗羲是一代大儒，求了一个学生，学生写完以后，人家一看说，这不是你写的，我不给你钱，拿回去吧。所以就求黄宗羲说："我实在是过不下去了，你帮我写一篇吧。"黄宗羲长叹一声，帮他写了一篇。就到这样，最后两人借债度日，穷困潦倒中钱谦益去世了。

钱谦益一死，马上钱家宗室就一起来逼柳如是，抢走这个抢走那个，把什么东西都拿走了。柳如是只有一个女儿，母女俩孤苦伶仃，他们要求柳如是再拿3000两银子，说都是钱谦益欠他们的钱，柳如是上哪儿再去拿3000两银子？那不是当年在秦淮河的时候，当年在秦淮河柳如是一夜之间就来三万两。最后没办法，柳如是很有气节，钱谦益死了，自己也不愿意苟活人世，说："好，你们等着，我进屋拿钱。"进屋就悬梁自尽了。

一代才女柳如是就是这样的下场。长叹一声，陈寅恪先生是喟叹，我们也是。再看看李香君的下场，李香君最后也没等回来侯方域。再看看陈圆圆的下场，再看看"秦淮八艳"其他人的下场，她们也都跟过大名士，包括吴梅村这些大诗人，不过最后也都事清了。所以一代才女、一代大名士总被雨打风吹去。

说到这儿我多说一句话，知识分子从春秋开始是那样自由的、宽广的、高屋建瓴的，一直到程朱理学之后，到了明朝，知识分子已经变得完全没有气节，哪怕唐宋知识分子那种大胸怀都没有。到了晚明，不停地在打，知识分子除了忠君以外，就两条：第一，要听我们的、要听我们的、要听我们的，就跟今天大家看到的很多公知，说："要民主要民主要民主，就必须得听我们的。"皇帝说："好，那听你们的吧，我不上朝还不行吗？听你们的吧。"一听他们的，那他们就胡来了，那不是真的民主，那是假民主，就是只能听我们的，不能听你的，你只要不是我们的人，你就是阉党，就跟今天说民主之后杀你全家，你只要不听我们公知的这些，你发表的意见就不行。虽然我主张的是言论自由、是民主自由，但是这民主自由是我们这个小圈子的民主自由，我们这公知小圈子要民主自由，但是你们不行。你们只要敢说跟我们不一样的话，我们就挫骨扬灰、发动网民发动各种各样的人，说你就是五毛……打五毛就相当于打当年的阉党。就是你只要不是跟我们一起的，你就是五毛，就跟当年一样，其实绝大部分人都不是阉党，也不是太监，只要不同意我们东林党你就是阉党，你就是五毛。最后变成这样了，就是先要民主，民主了以后就是我们的民主，听我们的。所以明末知识分子最后亡党亡国，亡了东林党，把整个国家搞得一团糟。说实在的，这些知识分子们不光对晚明没有做出什么贡献，对南明做的贡献也只有负面的。南明最后的正能量是我们接下来要讲的，几位像样的王子，以及大批的当年最被人看不起的大顺军、大西军，就是从李自成、张献忠那儿出来的，他们最后变成爱这个国家、为这个国家奋战到底的军人们。

**Q**：南北方对女性的审美有什么不同？

**A**：我觉得这问题问得特别好，特别有意思，大家看过一本书，根据它改编的影视剧很多，像什么《倩女幽魂》《画皮》等，多得很，叫《聊斋志异》。《聊斋》就是蒲松龄在山东听各种人描绘的女性。陈寅恪先生其实也说过这个问题，他说你看《聊斋》里描绘的女性为什么都是狐仙？因为北方没有这种女人。但是其实这种女人就是柳如是，就是陈圆圆，就是董小宛，就是李香君，说你看在我们南方这些女人到处都是，但在你们北方只能做梦梦见这样的女人，然后把她写到《聊斋》里。所以可见南北方审美没什么差异，只是南方姑娘这样的比较多。对不起，得罪了北方姑娘，北方姑娘中现在也多起来了。

# 第十二章

# 南明悲歌 ⑤

## 真假太子案

我想，如果将南渡的所有人才组合在一起，放弃所有的门派之争、放弃党争、放弃因为军队来源的互相瞧不起，说你是大顺军，他是大西军，反正最后都投了朝廷，能不能组出一支叫作南明的梦幻团队？这个团队能不能和清廷对抗一下？〉〉

晚明消耗人才太可怕了，大家如果看中国这十几朝历史，很少出现一朝末年消耗人才到这个地步。因为晚明首先惨在两线作战，所以基本上能打的全上了前线，最后连不能打的也上了前线。大帅们几乎都命丧疆场或者被俘，大家熟悉的卢象昇卢大帅、孙传庭孙大帅都命丧疆场，洪承畴洪大帅被俘，前面还有袁崇焕被反间计，孙承宗殉了国，祖大寿没办法降了敌……武将的消耗是巨大的。当时能打的名将到南明活下来的，大概只剩左良玉一位，还仅能算晚明名将。结果清兵没下来时，左良玉还去打内战，内战刚开打，他就死了。所以最后等于左良玉还没跟清兵打照面就死了，到左良玉死的时候基本上人才都凋敝了。

再说文臣，崇祯一朝 17 年 50 阁臣，轮番入阁，所有还能干点的文臣也全都消耗掉了。最后在北京城破的时候，死的死，降的降，自杀的自杀，也基本消耗完。汉为什么还能有东汉？晋为什么还能有东晋？宋为什么有南宋？就是人才没有像晚明这么大规模地消耗。在这种消耗情况下，到了南明，南京朝廷的时候，文武两腿都瘸的大残废，皇帝又不行，心肝肚肺又不好。

所以我想，如果将南渡的所有人才组合在一起，放弃所有的门派之争、放弃党争、放弃因为军队来源的互相瞧不起，说你是大顺军，他是大西军，反正最后都投了朝廷，能不能组出一支叫作南明的梦幻团队？这个团队能不能和清廷对抗一下？咱们就从这儿说起。

我先提一个名单，当然肯定会有很多人骂我，这很正常。这个团队首先得有一个领袖，就是谁来当皇帝比较好。其实你说在唐宋，甚至秦汉，谁当皇帝其实不是那么重要，因为它有宰相，有整个问责制的文官体制，到了明清，专制集权空前发展，文官的作用越来越低，恨不得还没太监的作用大，皇帝的地位特别重要。在明朝不完善的政治体系下，皇帝必须是一个好皇帝，这国家才能运作。所以说我在我这梦幻团队里，先放一个当皇帝的——唐王，就是隆武帝，南明真称了帝的。因为监国遍地走，到处都是监国，像鲁监国，这监国那监国的，反正也不知道皇帝在哪儿，自己逃到一个地方有一支军队辅佐，他就可以称监国。但是真正称帝的大概就只有四个，首先就是弘光，咱们之前讲了很多有关弘光朝的事，是在南京；紧接着就是隆武帝，就是我说的这唐王，这隆武帝是在福建；然后再是隆武帝的弟弟绍武帝，那时间因为太短太短，咱们就不提了；然后就是时间最长的永历帝，桂王永历帝。基本上就算三位皇帝加上几位监国。

这几个人里唯一能干的就是唐王，叫朱聿键，这个名字特怪，明朝的皇帝名字都倍儿怪，不认识的字一大堆。这不是因为咱是文盲，咱们不是文盲，是因为那字都是他们家自己发明的。朱元璋下令自己的子孙起名的时候，从太子开始每一支，给了20个字，就是每一代人用什么字都规定好了，这个当然不可怕，因为大家族都是这样，我们家也是，族谱里面有字，就是一听这字，就知道你是哪一代人。但是最可怕的是，他要求名字尾巴上那个字要以偏旁有金、木、水、火、土的字来回轮换。大家知道，中国字里有三点水旁的其实最多，然后这木字旁的字还算多一点，金字旁就已经少得多了，这土字旁就更少多了。当然，朱元璋没读过《说文解字》，他不知道，他就这么规定了，导致尤其是出现土字旁的时候就没办法了，因为没字了，就造了大量的字。而且你知道他们有多少人吗？这家子还特能生，从朱元璋开始，传到万历年间已经快10万人了，就这么多宗室，这么多人的名字里都得有，一人一字，继续往下排，排到最后字都没有了，就自己发明字，所以大家看明朝的皇帝名字时读不出来，不说明咱们是文盲。他们家这些字到现在还没用完，一直到我们现在的时候，还有朱家的后代，直系后代继续用家谱上的字，以及继续用金木水火土的偏旁做最后一个字。

其实唐王具备一个中兴君主的所有素质，首先需要的一个素质就是吃过苦。大家看刘秀，放过羊、放过牛、吃过苦、耐过劳，是中兴君主，还包括刘备卖过草鞋等等。然后要有雄才大略、有自律的能力、有清醒的头脑。这些唐王都具备，唐王小的时候，唐王的爷爷老唐王不喜欢他爸，就把他跟他爸关在一起。所以唐王从刚生下来很小很小的时候就被软禁，在那待着什么也干不了，一直到27岁的时候，实在老唐王讨厌他爸，就把他爸毒死了，毒死之后，这里的知府告状说，这儿一藩王毒死自己的世子，于是他爷爷也死了，他就继了位。所以他从少年时代就一直过着特别清苦的生活，磨炼了非常优秀的素质，而且胸怀天下。他刚刚继位，那时候清兵就入关了，但是这不是清兵最后一次入关，这离最后一次入关还有好几年，但是清兵没事儿就入关劫掠一通，于是北京告急，大家勤王。他居然就征集了一堆兵去勤王。明朝从朱棣开始是有严令的，所有的藩王、亲王全都不能有武装，就是因为接受了以前各朝各代的教训，他居然自己还募了一支武装去北京勤王。崇祯下令不许走，他就走，因为他要打清兵，他特别胸怀国家。走到一半碰见闯军，跟闯军打两下，结果打死俩太监。于是大家就告状说唐王居然拥有武装，就被判了刑，被关起来了，一直被关到明朝灭亡弘光登基的时候。弘光朝一登基想起那儿还有一哥们儿，说给他放了吧，哥们其实挺能干，那时候唐王才被放了。

所以大家想想唐王这一辈子，一直在吃苦耐劳，在监狱里他读了大量的书，所以他非常有能力。唐王最大最大的一个弱点是什么呢？所谓的封建社会，尤其是明朝这种继承体制完全僵化的社会，它不像欧洲，欧洲为什么没有出现连续那么多浑蛋皇帝？当然欧洲也经常有浑蛋皇帝。就是因为欧洲的继承体制非常有弹性，大家看《唐顿庄园》也好，或者看欧洲历史也好，欧洲的继承体制没有明朝这么僵化。欧洲可以从德国弄来一个亲王到英国当，从希腊弄来一个到西班牙当，反正它基本上有大量的流动性和选择性。但是明朝这么僵化的体制下，弘光的血统成了他唯一的优点，而隆武的血统就成了他唯一的一个大缺点，因为他实在是太远了。中国人说"出五服"，五代之前是兄弟，出五服都可以结婚了，婚姻法都不管。这位唐王已经远到什么地方了？唐王是九服，什么叫九服？就是他跟崇祯皇帝的唯一的血缘关系是他俩各自的最最最上边的那个爸爸是朱元璋的儿子。崇祯皇帝的祖宗是朱棣，朱棣是第四子，这唐王的祖宗是朱元璋第二十三子，从那里开始两边就没关系了。你想想这多少代下来，唐王已经是第九代，所以已经叫九服了，出五服到这个地步。所以这是唐王最大的缺陷，就是在他前面能排出 3000 个亲王，按明朝正统怎么排也排不到他。

当然历史就是这样的，在颠沛流离中当皇帝，从一个肥缺变成一个累缺。万历时皇帝是肥缺，到崇祯时皇帝已经变成了一勤孩儿了，就跟开饭馆似的，累得要死，到弘光之后当皇帝就已经不是一件好事了，不当皇帝你还能选择，可以投降可以逃，干吗都行，当了皇帝你只有死路一条，因为不会给你留活路。所以弘光之后就不像以前那样争皇帝了，大家都不想当，大家说："弘光皇帝被抓起来了，潞王您监国吧！"潞王说："我不监国，别闹别闹。"大家说："我们就是一定要让你监国，奉你监国在杭州。"刚在杭州还没怎么监国呢，清兵一到，潞王开城降清，带着当时逃到杭州的大批亲王一起降清。清朝那时候还没露出特别狰狞的面目，把弘光和这些亲王全都送到北京，当然后来纷纷全杀掉。于是这监国没了，那找谁去？这时候鲁王正在路上跑，颠沛流离，大家说："你也姓朱，既然你姓朱那你就带领咱们这些不愿意投降的人吧。"之前我说过，大家骂得最凶的那些人马士英、阮大铖这会儿都还没投降呢。

唐王最重要的是遇见了郑家，郑家可是纵横海上亦官亦商亦军队的一个大势力。郑家一看，这儿有一个姓朱的，就立他吧，那咱们不就是有定策之功了吗？于是就把唐王立了监国，监国之后，登基叫隆武。1645 年这一年很有意思，1645 年这一年有两个年号，它首先是弘光元年，1644 年是崇祯十七年，当然那年崇祯死了，按照礼貌和传统，新皇帝的元年得是第二年，所以 1645 年是弘光元年，但弘光朝刚半年就没了，变成了隆武元年。所以 1645 年 7 月 1 日以前叫弘光元年，7 月 1 日以后叫隆武元年。

　　隆武帝出台的那些政策，应该说完全都是中兴好皇帝的东西。首先隆武帝改变了弘光朝的整个政策，弘光朝的政策是联虏平寇，就是要跟清朝好，拉着清兵一起平寇，因为李自成杀了崇祯，要给崇祯报仇，至于清兵他们不管，因为清兵没有杀崇祯，结果才导致清兵最后南下南京，弘光朝瞬间就崩溃灭亡了。隆武帝第一次将联虏平寇改成抗虏，并且联络农民军，这就是后来永历一朝还能坚持那么久的原因，其实是拜了隆武帝所赐。隆武帝定下的国策首先是中兴国策，就是表明咱都是汉人，李自成也死了，张献忠也不行了，那大顺军也好，大西军也好，咱们就一块抗清，驱除鞑虏。这是第一个。第二，肃贪，这个大家最感同身受了，说咱这都这样了，国家风雨飘摇，您这还贪，这不行！于是，隆武帝带头，隆武帝是不穿绫罗绸缎，只穿布衣，粗茶淡饭，以身作则，肃贪笼络人心。

　　隆武帝对人民好，不光减租减息，还有一个让我特别感动的政策，当时在江南一带的人民是最倒霉的，为什么？咱们之前讲了"扬州十日""嘉定三屠"。清兵来了，当然有不剃发的就拼了、就牺牲了，那绝大多数老百姓还是剃了发的。但那个时候南明军跟清兵打拉锯战，老百姓完全没了活路，因为清军见着不剃发的就全杀，而明军反攻的时候只要见着剃发的就全杀，说剃发你就是降清、叛徒。所以老百姓不剃发被清军杀，剃了发被明军杀，江南一带完全被祸害得不行。隆武帝登基以后下了一道重要命令，说："不剃发的是臣民，剃了发的是难民。"这话说得多好，多有水平，这是中兴之君，不剃发的是臣民，剃了发的是难民，难民也是我们的臣民。

总之，隆武帝非常关心老百姓，因为他自己就很苦，然后坚决要北伐亲征等等，这些政策拿起来书面上一看都很好，如果能执行这是中兴之举。最大的两个问题，首先一个就是他的血统。当时鲁王在浙东监国，也有相当多的海军跟陆军，但是鲁监国跟清兵打得不行的时候，给他写信求援，不写陛下二字而只写皇叔伯，就是皇伯，竟然管他叫皇伯。隆武帝大怒，说："我隆武帝都登基了，你不管我叫陛下居然管我叫皇伯。"于是就把使者斩了。鲁监国一想，我鲁监国比你的血统正，您这已经九服了，我鲁监国好歹比你还近了几层呢。第二个问题就是，军阀拥立的皇帝实在是没办法施展。郑家实际上是一个大商人，海盗加商人，后来又有了官又有了军队。郑成功他爸日语恨不能比汉语都好，本身就是在日本做海盗、走私等这些生意的，自己的水军又强，所以郑家怎么会跟黄道周这些人一样跟你玩忠君爱国这一套？就是为我所用，那隆武帝又不想为他所用，想大展宏图，所以隆武帝最后就想跑，要离开郑家。

这个时候隆武帝的政策已经起了非常好的作用，大批的大顺军在李自成死了之后归顺了明朝，而且这回是真的归顺，不是剿匪时期的归顺，那是为了生存，这回是为了共同抗清。李自成旗下那些声名赫赫的大将，郝摇旗、李过、高一功等全部归了明，导致湖南、江西这一带的战场形势比较好，于是隆武帝说，那我就往那儿跑吧，结果刚跑一半，郑家也降了清。郑芝龙说："您在我这儿吃着喝着，养着您，您还跑了，那我也不干了，不玩了，我降清了。"他儿子郑成功当然不降清，但郑成功率军南下，门户洞开，清兵越过仙霞关，冲进了福建。于是隆武帝跑，清兵追，多次追上又跑了。这其中有很多感人故事，比如，隆武帝被围在一个庙里，这时候冲出一个人大喊："我隆武帝也！"挥刀就向清兵砍过去，于是被清兵射箭射成肉泥。其实是一位忠诚大臣装成他掩护他。

最后隆武帝跑到汀州城，其实这些清兵就是汉人，就是当时江北四镇的南明的官军，他们换上明军的衣服就追，隆武帝到了城下一看，明军退回来了，一开门直接冲进了城里。当时隆武帝已经饿了好几天了，让当地老百姓煮了两个汤圆，隆武帝一个，皇后一个，当时就穷成这样。隆武帝刚把汤圆夹起来，一箭就已经射了过来。当然，隆武帝是当场就射死了还是押到福州最后绝食而死，有不同的版本，有一个版本说最后两人被塞进两个轿子里，一路押走，大家知道福建全是山，过一个山崖的时候，曾皇后跳出轿子大喊一声说："陛下宜殉国，妾先去了。"跳崖自尽。这朱家总的来说骨头还是比较硬的，这个皇后殉了国。那隆武帝本身就是中兴之帝，雄才大略，如今被俘了，那更不能软了，直接绝食而死。隆武帝真是可惜了，没能来得及展现雄才大略就完蛋了。所以我们这个梦幻组合的第一位中心人物就是这悲惨的下场。

这时候我要说，如果太子南下了，又会是什么局面呢？是不是能比隆武更好？我相信会，为什么？太子能力肯定是没有隆武帝强，但隆武帝的血统弱点太大，如果太子来，至少天下正统都在这里，全国军民能团结一心，至少不会在还没立皇帝之前就是福王潞王之争，然后南明弘光朝刚成立江北四镇跟左良玉两边内战，紧接着出现了鲁监国跟隆武之争，到了南边又是永历跟绍武之争，最后南明就是这么自己消耗掉了。如果太子能南下，那当然是最好。所以我们的梦幻组合有一个界定，就是必须是已经南渡的人。

但我要多说两句太子，太子为什么不来？这个让大量的明粉，包括很多汉人特别痛心。太子其实完全可以来南京，为什么？因为没人管他，他跑了。太子和两个弟弟本来都在李自成军中，李自成没打算杀他们，崇祯之前也舍不得杀他们，崇祯死前把女眷全杀了，皇后上吊、亲手杀妃子、杀女儿，唯独长公主活下来了，长公主就是太子他妹妹长平公主，就是韦小宝他师傅，当然那是金庸杜撰的，那时候确实被砍断一条胳膊昏死过去了，就没杀了。但是所有女眷杀完了以后，实在舍不得杀自己儿子，就把这三个儿子叫到跟前，当然历史有各种各样的记录，有一个版本我看得比较感动，崇祯这个时候完全变成了一个父亲，完全不是以皇帝的身份说你们要复国、你们要给我报仇等等，当然说了一句报仇的事，但说的最重要的不是这个，而是一个父亲想让三个儿子活下去的最终遗言。他就跟这三个儿子说："以后出了宫，你们就是老百姓了，爸爸来教你们怎么当老百姓，见到当官的要给人鞠躬、要磕头，管文官要叫大人，管武官要叫长官，你们一定要……"就是这样教他们在外面做老百姓、做人的道理……看得我热泪盈眶。你想，这三个皇子养尊处优，谁当过老百姓啊？所以爸爸教了他们一通见到当官的要敬礼等等，最后说你们出宫去吧。

三个人跑着跑着就被逮着了，但是也有人说是太监陷害的，各种记载都有。当时看出来太子在三个孩子里其实还可以，因为太子至少被李自成逮着之后还是立而不跪的，太子不但不跪，而且还斥责李自成，还说了埋葬我爸爸，埋葬我妈妈，不要杀人民等等这么一番话。这说明太子还可以，另外两个弟弟确实有点小，太子那时候才十来岁。李自成还封了太子宋王，两个弟弟也都被封了爵。李自成东征吴三桂时把太子和他两个弟弟都带着，以便阵前跟吴三桂说，你看你主子在这呢，你别打。结果到那一战被打崩溃了，乱军之中三个孩子都跑了，而且都活着跑出来了，但是没有一个到了江南。太子在外面转了一个多礼拜，觉得实在是没有谋生能力，虽然爸爸教了见着官叫大人，但是没教过怎么赚钱吃饭，以后就饿着怎么办？于是回到北京城里找外公去了，敲外公门，外公开门一看太子回来了，赶快请到府里来。长公主这时候也在外公周奎家养病，李自成还行，他当初看长公主没死就让长公主回她外公家养病了。姐弟俩抱头痛哭。战乱年代，一个饿得不行，一个胳膊也没了，爸爸妈妈都死了，在那儿抱头痛哭。然后所有人都开始招呼他吃饭，吃完饭以后，妹妹走过来，特别不好意思，手里拿着一个皮袍子，说："哥，你走吧，外公不让你留在家里，外公怕受连累，你是太子，你走吧，我也没办法，就只能给你皮袍子取个暖，给你俩馒头。"太子一看没办法，于是兄妹俩洒泪而别，太子继续出去转去了。出去转来转去还是饿，实在是没办法又来敲外公家的门，这时候一看太子怎么又来了，不开门。太子就怒了，他就开始使劲敲，至少太子还是有脾气的。周奎派了一个侄子出来跟太子说："你滚蛋，你别再来了，接待你一次可以了。"太子开始破口大骂："你卖主求荣！"周奎的侄子也开始破口大骂："你算个屁，还敢骂我。"结果两人就骂起来了，正好清兵巡夜，一看这怎么在外头骂起来了，而且听着不对，这骂的是太子，这是太子！清兵太高兴了，把太子逮着了。

太子逮着了以后，多尔衮又高兴又紧张。紧张是因为，他想："我刚说完优待明朝宗室，我刚说完厚葬崇祯夫妇（葬在思陵里），我刚说我要替崇祯报仇打闯贼，我要把太子宰了我这不是自己打自己脸吗？这不行！可是太子只要活着，全国人民只要听到太子还活着，那会立刻士气涨百倍。大家想到太子还活着，那他们就拼了命战斗吧。那怎么办？只有一个办法，就是必须太子是假的。"于是就开始表演了一大出，这里头就看出来，虽然同样是降清、事清的官员，但是也有正儿八经有气节的，也有真的彻底没气节的。降清了大家还可以说，我还是个官，我是一个邮电局长，清朝来了，我还是邮电局长，我是一个法官，清朝来了我还是一个法官，那我觉得这不能叫叛国降清，那就是公务员而已。其中就有坚决说这就是太子，认识太子的绝大多数太监都说这是太子，没问题，而且见到太子都哭，抱着太子哭，结果所有说这是真太子的太监全被斩了，只有说他是假太子的太监才能活下来。然后让太子老师来认，太子老师看见太子低头不语，然后旁边人问："这是真太子假太子？"老师为了保命，说："假的。"太子破口大骂，说老师你抬起头来看着我的眼睛，最后一课你给我上的《说文解字》里哪个字我都记得，你给我讲的是什么，是不是讲的这些？老师实在没脸，太子老师可是大翰林，当时天下最大的知识分子才能教太子，最后只好羞愧而下。然后外公周奎也坚决说不是真太子。最后清朝就下旨说："有人伪装太子，竟然来欺骗我们，把他斩了。"于是真太子被斩了。

当然，明朝太子案是悬案，很多历史学家考证过。南北各出现一个太子，南京这时候也来了一个太子，我后来都怀疑这是东林党干的，弘光朝灭亡跟这假太子有很大关系。我是这么认为，北京那边的太子一定是真的，因为刚刚灭国才几天。南京那个太子呢，东林党非说是真的，为什么？这之前都讲过了，东林党讨厌福王，不想立福王，从万历年间结下的仇一直到现在，东林党抹黑福王已经极尽能事，因为东林党笔杆子在握，媒体就在东林党手里，知识分子把福王写得荒淫无道，把他说成蛤蟆天子，其实是什么蛤蟆天子，无非就是出去捕点蟾蜍，弄点壮阳药，而且这是明朝宫廷的年例，就是每年到这时候都去捕点蟾蜍。那明朝比他荒淫的皇帝有的是，弘光皇帝其实不算很荒淫，当然被东林党扣上各种屎盆子，最大的屎盆子是说他的春药配方，我到现在都还记得，不知道是不是男的对春药比较敏感，大家听听这春药的配方：先喂羊吃人参，然后让狗把这只羊吃了，然后把这只吃了吃了人参的羊的狗再剁成碎末，拌在饲料里，让驴去吃这个吃了吃了人参的羊的狗的肉的饲料，然后让驴去交配，在驴正在交配的时候，把那驴鞭剪下来，吃那驴鞭。这就是东林党栽赃，当然也不一定是东林党，反正就把弘光皇帝说得狗血极了，说因为吃了这个，"一夜毙二童女"。弘光可是崇祯他堂哥，岁数比崇祯还大，男人都知道，就是您再厉害，这岁数了，您就算吃了壮阳药，能一夜毙两童女吗？而且弘光是一个大胖子，您这大胖子运动速度本来就慢，您怎么一夜毙两童女？虽然没有弘光像，终明朝一朝所有皇帝都有像，只有二人无像，一位就是建文帝无像，建文帝无像是因为他叔叔不让他有像，肯定以前也画过，但给扯了，一位就是弘光帝无像。总而言之，弘光被诬蔑成这样。但是再诬蔑他，他也是最近的继承人，除非太子来。如果没有那三个皇子，按照明朝继承法福王就是第一继承人。

终于"太子"来了，这"太子"谱还挺大，谁说不认识他，他就呵斥"跪下！"之类的，等等。确实有人说他长得像太子，但是一个最大的问题是，南明朝廷里的人都是南京六部的官员，南京六部的官员都是替补的，我之前说过，所有的文武大臣都在北京，武将全上阵，文臣五十相，在南京待着的都是歪瓜裂枣、拣剩下的。谁见过太子？大概只有一两个人曾经远远地看见过太子，大家也都没见过太子，有人说这身形有点像。终于逐渐有从北京南渡的人过来了，一会儿渡过来一个，一会儿渡过来一个。南明小朝廷弘光朝有一个政策，就是所有这时候从北京来的人一概不用，因为你曾经降过大顺，为什么李自成来的时候你不南下？现在你南下？所以这些人都不用，这导致大批的精英没法用。但是这时候开始有认识太子的人来了，让他们认，说这不是太子，太子就"跪下！"如何如何，说宫里头是什么什么样的，说半天。弘光是最害怕的，因为如果是真太子他还好办，弘光还说："如果是真太子，我立即让位。"但是他是假太子，弘光也不敢杀，弘光只要杀这假太子，东林党立刻就会抓住他，说你敢杀真太子，因为你不想让太子替你这皇帝位……所以弘光明明知道是假的，就是不敢杀。

于是就审，其实这哥们就是驸马的一个远亲，因为家里有人当过驸马，所以听说过一点宫里的事儿，就开始聊宫里的事儿，听说太子找不着了，于是就有人说你长得挺像，这哥们儿就冒充太子来了。这哥们儿自己都承认了自己的名字叫王之明，东林党都不干，非说他就是真太子，他是被屈打成招的，说他为什么叫王之明，因为其实他就是明之王，明之王就是太子，他被屈打不过，只好给自己起名。你说东林党这知识分子是多讨厌！多能玩这文字游戏。就这弘光帝也不敢杀，而且还导致了弘光朝的内战，最后就是侯方域这帮人说，真太子在此，这就是真的，于是才有左良玉从武昌起兵，清君侧，迎太子。其实完全是假太子，假太子没杀，等清兵来了弘光也投降了。假太子也逮出来了，清兵为了羞辱这弘光皇帝，专门让假太子坐首席，崇祯这真堂哥坐末席在那儿陪着。最后两人都被弄北京去杀了，所以真太子假太子都被杀了。

然后谁当首辅？这个我说出来争议最大，包括我跟几个对明史很专业的哥们说，大家都说："啊？"孙可望！我说孙可望来当首辅。为什么？稍微介绍一下此人背景。张献忠是没孩子，当然他也不积德，到处杀人如麻，所以没孩子，张献忠的整个大西军是一支家族军队，主要的统帅就是张献忠和他的四个干儿子。张献忠怎么死的呢？还没跟清军真的打起来呢，张献忠直接到阵前去，被一箭射死，滚于马下，翻滚呼嚎，全体大西军和清军在那看着说，一代枭雄张献忠原来跟普通人也差不多，中了箭也躺在地上翻滚呼嚎。但是张献忠临死之前把四个干儿子叫到跟前，说了一句话，说："我死之后，你们归降明朝，共同抗鞑虏。"这张献忠不知道是最后回光返照了还是良心发现了，人之将死其言也善，但是说白了清兵进关不就是因为李自成、张献忠在那儿祸害吗？祸害了一辈子，最后临死之前说了这么一番话。这四个干儿子里，老大就是孙可望，他们感情极其好，极其团结。他们的团结超过大顺军，大顺军也很团结，应该这么说，农民军的这两位领袖其实都不是真正的定国之才，但农民军的将领们都很棒，大顺军的将领一直团结到永历帝都没有了，整个南明，按我们南明历史学家的说法，只到 1662 年，只存在 18 年就没了，但是大顺军一直在四川夔东十三家坚持抗清了很多年，而且他们一直团结在一起，这是让我非常感动的，有点像民国时候的西北军、东北军，就是那种感觉，大家特别抱团，而且永远在一起，降一起降、战一起战、跑一起跑，大家最后逃到夔东还在一起。大西军也是，大西军这哥四个是非常团结的，这哥四个里除了第四个死得早，前三个全都赫赫有名，孙可望、李定国、刘文秀这三位都应该出现在我们这梦幻团队里，当然后两位应该是主持陆军工作，但是孙可望我觉得是可以当首辅的。

为什么？大家先别急，听我说。不要说农民军来的农民没念过书怎么怎么样，我们那么多状元，千万别再提那些什么状元进士了。孙可望的大西军奉了明朝正朔以后，首先进军了云南，孙可望治理云南三年，是整个明末战乱几十年里唯一的一次有一个省人口增长、生产恢复，要兵源有兵源，要军饷有军饷，把云南治理得极其好，而且同时又把贵州拿下来，开始治理贵州。当然孙可望后来是降了清，但是这里头也反映出南明自己实在是不争气的原因。大顺军也被气走了，大顺军本来全都归降了明朝，但明朝那些官军的指挥官们，每次战役的时候，就是不把大顺军当人，说你们农民军，你们打头阵、你们断后，我们官军要怎么怎么着，你们官军好意思说吗？江北四镇全投了清，大家说明亡于农民军加上清兵，痛恨农民军等，但是看到最后，官军您受到那么好的教育，皇恩浩荡领了那么多俸禄、军饷，您全降了清，最后全靠大顺军坚持了几年，大西军坚持了十几年，一直能跟清兵作战到底，而且还打过不少胜仗。农民军让人特别感动。大顺军怎么被气走跑四川去当夔东十三家去了？就是因为当时何腾蛟这些人看不起大顺军，大顺军实在跟明朝混不下去了，又不想降清。当然最后夔东十三家还是奉了姓朱的在那儿。那最后大顺军走了以后，大西军来了，大西军来了把云南治理得又好，贵州治理得又好，等于有大后方了，永历皇帝东奔西跑那么多年终于有大后方了。

孙可望其实也不要别的，只要求封他为秦王。大家知道秦王是第一王，明朝这个爵位制度跟西方很像，比如说英国吧，这个威尔士亲王不能随便给，只有太子才能叫威尔士亲王，现在就是查尔斯王子叫威尔士亲王。威尔士亲王的第一个弟弟叫作约克公爵，下一个弟弟叫肯特公爵，女王的老公叫爱丁堡公爵，你不是女王的老公，你就不能叫爱丁堡公爵，你不是太子的第一个弟弟，就是女王的二儿子，你就不能叫约克公爵，就是这样定的。明朝也一样，明朝这个王，首先一字王是第一等王，就是最高的王；其次这一字还是个地名，这又是一等王里最高的王；然后太子的大弟弟才能叫秦王，所以最开始秦王这个王位就是朱元璋封给二儿子的。接下来是晋王，大家听听秦晋这都是很高很高的爵位，再后面是蜀王等，这都很高。所以孙可望其实就一个要求说，封我为秦王。您永历皇帝吃饭都吃不上，弄两个馒头皇后一个自己一个，都惨成这样了，一帮臭知识分子裤腰带都没了满街跟着跑，到这会儿终于有一个地方可以作为大后方了，云贵大后方有兵、有粮、有饷，什么都有，恨不能还有国际援助，就这非常时期，您封孙可望当秦王不就完了吗，不行，一堆知识分子又开始跳出来了说："咱们国家有宪法，首先他不姓朱，然后他又不是太子他弟，怎么能封他当秦王，封他当个公爵就已经到头了，绝对不行！"嚷嚷半天。

但是有另外几个有识之士，这些有识之士就说："为什么不能封孙可望当秦王？大西军四位将领带领几十万大军，那就是明朝最后的复国希望了，就靠咱身边的几百号人不行，要封！"永历跟隆武是不能比的，永历非常优柔寡断，当然比弘光好一点，这几个皇帝反正除了唐王隆武其他的都不怎么样。永历帝也还好了，反正最后也没投降，就一直跑，永历帝主要的工作就是逃跑。永历帝想来想去觉得封秦王是有点过了，您说都这会儿了，这要饭的还嫌馊。结果坏事就坏在身边一个大臣上了，这大臣觉得必须要有大西军这支有几十万人的劲旅，大西军是整个南明战场上唯一大败过清军的军队，而且就光李定国统率的大西军就打死过两个清朝亲王，包括大汉奸孔有德就被打死在桂林城内，这只有大西军做到过，大顺军也没有做到，明朝官军您就更别聊了。所以这哥们自己私刻了秦王印，派人给孙可望送去了，说永历帝已经封你为秦王了。孙可望在昆明登台封王，全昆明老百姓放鞭炮、敲锣打鼓出来欢呼，大家本来都热爱孙可望，会治国嘛，今天孙可望孙大人终于被封为秦王了。孙可望拿着这枚假秦王印登台封王，高兴极了，开始大封，因为秦王可以封下面的，于是大封各种将领。

结果正高兴呢，真的圣旨来了，一看差了五级，被封了一个什么公爵之类的。孙可望其实是有大局观的，所以我说他能当首辅，他当时马上捂住这个圣旨没有跟任何人讲，就求这钦差的，说："我已经登台封过王了，全国人民都知道我是秦王，而且我已经准备出师北伐抗清了，这个时候你突然告诉我我又不是秦王了，我只是一个什么狗屎公，我北伐士气也没有了，军队也不想拼命了，你不能这样，你就追封我为秦王，我现在承认我这印是假的，你给我一个真的追封我。"不行，坚决不行。孙可望这可是气得不得了，而且孙可望在哥几个面前丢人呐，这让李定国、刘文秀在旁边看着说，大哥，您这什么路子，登台拜假王？

直到已经很后来很后来了，永历帝实在已经寄人篱下在这儿了，才追封了孙可望秦王，那他心里这个结已经种下了，然后又封了李定国晋王、刘文秀蜀王。李定国、刘文秀都能征惯战，孙可望能主持大局。其实整个大西军这个团队是非常强的，最后也分裂了，也是孙可望有点觉得自己功高盖主了。当然他不喜欢永历这一朝的人，都是因为羞辱了他，给他一个假秦王印，如果没有那件事，大家团结起来大有可为。但是孙可望心里又一直有这骨节，就不喜欢永历帝，最后老想自己自立。孙可望最后是企图跟李定国火并，结果秦晋两王的军队一对阵，所有秦王的军队都高呼着："大西军不打大西军，中国人不打中国人！"秦王军队当时全部倒戈，投到了晋王军队中，所以秦王就自己带几个亲信投了清，被封为义王。

我们将一遍整个南明能治国的人，没有人比孙可望更强，也没有人有时间有这个政绩，因为一朝一朝像多米诺骨牌一样地倒，大家也没办法。

**Q**：对于明粉常用的"皇汉""满遗"这类词汇怎么评价？

**A**：对于这个狭隘的大汉族沙文主义，我再给大家泼两盆冷水。这有确凿证据证明，朱棣的妈妈是朝鲜人，马皇后实际上是未生育，一个孩子也没生，只是大家生完了以后给马皇后，算马皇后的儿子而已。而且这不是我证明的，是南明大学者李清、钱谦益两位证明的，进了明孝陵（朱元璋和皇后的墓，在南京）寝宫，看到了寝宫里各位嫔妃牌位摆的位置，确认了朱棣的妈妈是朝鲜来的皇妃。大家如果看朱棣一朝的生活习惯、当时的菜单等这些东西，你就更相信这个，就是大量的朝鲜的东西，大量的朝鲜的那些风俗在永乐朝时代。朱棣的妈妈是朝鲜人，咱明朝朱家有一半朝鲜血统！所以大家就别说我们大明如何如何，汉如何如何了。

天天还有人骂我说，你为什么不穿汉服？汉服，我可以给大家解释。我给大家提个醒，汉服没裤衩，如果大家想穿汉服千万不能穿内裤，因为汉服就是没内裤，只有中衣。往这儿一坐没裤衩可不行，所以汉人都得跪着，直到吸收了胡人的裤衩，我们才能坐，到椅子上坐着。所以您要真是大汉人您还别坐着，这椅子是胡人发明的，床是胡人发明的，汉人是不睡床、不坐椅子的，汉人全躺地上。而且明服肯定不是汉服了，明服已经是进展了很多。真正的汉服是什么时候的呢？胡服骑射已经到战国时期了，为什么胡服骑射？穿汉服怎么上马？宽袍大袖怎么打仗？所以战国时期我们已经胡服骑射了，所以还得往前推。推来推去就只有一种东西是汉服，就是树叶子，因为您贴树叶子那会儿是最纯洁的。我们的汉族人，什么元谋、蓝田之类的地方，只要穿上了那些东西，那我们就已经跟各个民族（我们都不应该叫人家少数民族）融合得非常非常多了。所以就省省心吧，各位大汉族主义者。各个民族都一样，尤其都到今天这样一个自由平等的时代了，咱就不玩这个了，有去保卫明朝那劲，保卫保卫自己的自由。

# 南明悲歌 ⑥

## 南明大结局

这是南明血的教训给今天的中国人民带来的辨析，就是说政府跟国家是两个概念，不是爱国就得爱这个政府，不是爱国就得爱这个王朝，是吧？所以国家兴亡，匹夫无责，肉食者谋之，跟我没关系。天下兴亡，匹夫有责。〉〉

孙可望是第二个进入我们这个梦幻团队的，就是隆武帝登基，孙可望首辅。鉴于孙可望确实是农民军出身，那咱们在社稷上弄一个二把手辅佐孙可望。这人是谁？我想的是史可法。史可法可以用在这儿，你让他主持整个南明是不行的，他的能力是绝对不够的，但史可法的威望够，他的正统派、理想派、大知识分子这劲儿够。所以由孙可望主持全局，史可法这个正统派负责帮着孙可望，告诉所有人："听他的吧，听他的吧，他挺能干，你看我史可法都听他的，你们还有什么不听的！"对于稳定政局能起到这个作用，所以他们两来组合我觉得这个国家的基本面能稳定住。

然后就是两蹶名王的李定国，毫不犹豫的南明第一将领。李定国很像李秀成，整个太平天国后期就靠李秀成一个人南征北战。整个南明也是，最后这十年真是就靠李定国南征北战。李定国没办法，一会儿北征，刚杀了个满人亲王继续北进，东边清军又来了，又调回来到广东去打，刚打算跟郑成功会师，北边又来了……南征北战。但李定国极为忠诚，李定国、刘文秀是从农民军、叛军，到最后南明最最忠诚的两个人，而且他们两人不是平时夸夸其谈，到最后一死报君王的那种人，他们真是南征北战。而且我很感动的是，看到最后刘文秀去世的时候，他跟永历帝和李定国说："皇上、哥，我干了这么多年，攒下十几坛金子，全部拿出来作为南明最后的经费。"李定国跟李秀成太像了，一直坚持到寸土没有，还一直在边境上伏击吴三桂，开始的时候有大军能打，打到最后一直护送永历帝，最后永历帝逃进缅甸，李定国依然在缅甸边境设伏跟吴三桂又血战一场。直到最后缅王出卖了永历帝，永历帝被抓回昆明被吴三桂用弓弦绞死在街头。永历父子绞死在街头的时候，李定国忧愤而死。这段历史让我特别感动，官军居然都投降了，而所有农民军都战斗到底。说到这个地方我要补充一句，历史上无数人骂吴三桂，说："吴三桂你这个小人，居然把永历皇帝用弓弦勒死，你太不要脸了！"用弓弦勒死在中国古代尤其在明朝，是仅次于赐死的最高礼遇的死刑。中国自古叫死有全尸，如果是斩首和车裂，就没有全尸了，咱们后来好像感觉绞刑最厉害，比枪毙厉害，但那时候不是。

然后由郑成功统率海军，郑成功的海军不光是比清朝强得多，而且当时在世界大洋上几乎是无敌的，比侵略了菲律宾的西班牙舰队要强大得多得多，所以当时相当于大洋无敌的这支舰队，当然由郑成功统率海军。

还要有个干什么的呢？这个时候得有外交了。南宋为什么能苟延残喘一百多年，跟南宋的外交有很大的关系，南宋就是有很高的外交智慧，怎么联络金一块弄辽，联络蒙古一块弄金，怎么远交近攻如何如何，然后怎么给你点岁币让我休养生息，我休养生息好了再跟你来。当然明是决不搞这些的，这个时候我要说这个口诀了，所有的明粉不管读没读过史书，大部分的只读过《明朝那些事儿》，那也挺好了，我还见过好多连《明朝那些事儿》都没读过的明粉呢，永远就会喊着一句口号，有点像一个组织似的，我给大家喊一遍："不和亲！不纳贡！天子守国门！君王死社稷！"还经常有人写错，写成了"君子死社稷"，另一个明粉还提醒说："你写错了，不是君子死社稷，是君王死社稷。"

这四句话说的是没有错，但这四句话是褒还是贬？咱们明粉朋友有没有想过，这四句话是夸这朱家皇帝吗，还是说这朱家皇帝有毛病？这四句话你要我总结起来，我就总结成一句话，叫作永远用最高成本解决问题。你是一个国家，你不是一个愣头青，说："怎么着，你打死我啊，我就不行，你打死我吧！"人家就给你打死，怎么着吧？你不是不和亲、不纳贡？人家直接在土木堡给你皇帝逮了，是不是？您天子守国门，守国门煤山上吊去，崇祯如果不是这毛病，如果到了南京，整个南明至少坚持一百年，那是一点问题都没有，结果就是因为崇祯梗着脖子拧。这朱家确实脖子挺硬，当然最后大难临头的时候硬一下是可以的，那平时这朝代挺好的时候，你能不能用外交手段解决一些问题？能不能用智慧解决一些问题呢？非得梗着脖子来吗？那和亲纳贡，无非就是点岁币，那个成本比你战争的成本要低得多得多得多。南宋年年有岁币，但是那岁币只占南宋极小极小一块比例，根本就无所谓。但是一旦战争打起来那南宋也撑不住，明朝也撑不住，南宋那么富最后都撑不住。所以这不是说我给你什么纳贡、我给你岁币，这是一种技巧，而且我们汉朝还和过亲，汉朝和亲怕什么，最后不一样能跟匈奴打吗？只要这国家是自信的国家，我自信，你给我十年，我能发展得比你好。就像咱们小平同志说韬光养晦，我就给您点岁币，嫁一闺女，你给我 20 年时间，等我把马养起来，等我把兵训练好，我干你。你非不，就仁人也上去。就这四句话有什么褒义吗？我真不知道。

大家想想这么干事的都是什么人，慈禧太后和义和团也一样这么干啊，全世界我都不怕，来吧，打死我吧，跟十一国宣战，最后人家就打死你，怎么着吧。还有谁呢？哈马斯，哈马斯不就天天这样吗？人家巴以要和谈，他非不和谈，"不和亲！不纳贡！天子守国门！君王死社稷！"最后老百姓生灵涂炭。以色列说好啊，打啊，就打，最终没办法。你还是得有外交手段，你还得外交斡旋。你说对外国是这样，那倭寇呢？倭寇消耗了明朝大量的财力跟国力，其实完全不需要以最高成本解决问题。这四句话就是我每次都选择最高成本，其实就是最下策。大家知道上策、中策、下策，你是一个国家，不是一个愣头青，要永远选择上策治国，成本低、效率高、有前途、可持续发展。他不，倭寇其实不就是你不禁海不就没事了吗？你禁海人民活不了，活不了怎么办？当海盗。当海盗您去剿海盗，人家从日本雇几个浪人。倭寇里没几个日本人，所有倭寇头儿都是中国人，倭寇的主力都是中国沿海的渔民，因为没有生计嘛，那你就把政策改改，让人家能捕鱼不就完事了吗？不！戚家军如何如何，那军队可是要花钱的，关键以大规模的正规军去防御流寇，这个成本可太高了，流寇在海上跑了，回家了，那您就待着吧，养几十万大军待着，您总有疲惫的时候，您刚刚一走倭寇又来了，哥们儿挥着刀来了，您又得来几十万大军。这不行！连对付倭寇都选择了下策，就是用最高成本解决问题。这是明朝一直以来我觉得亡国的第一大原因，就是没有灵活性，体制没有灵活性，皇上们的性格没有灵活性，最后整个的国策就是不和亲、不纳贡，就瞪着眼睛当哈马斯、当义和团，最后这国家亡了就活该。

不就是这样吗？没有一个国家是这么做的。觉得这四句话是好的只有一种人，就是他爱的不是这中国，他爱的是朱家那些皇帝，你非要爱朱家那些皇帝，那我们承认这四句话是优点。可除了奴才谁没事闲得爱皇帝，爱朱家那哥几个？只有奴才才爱他们。我们爱的是中国，爱的是这国家，哪怕再狭隘点，爱的是当年的汉人的政权，那我们也希望这国家能好，希望这国家永远能选择正确的上策来治国，而不是像义和团、哈马斯一样的，谁愿意这样的人上去？你想想。所以明粉们以后千万别再天天把这几句话拿出来到处招摇过市。

每次看南明看到两个地方我都特感动，就是农民军的坚贞不屈，农民军最后就成了最后的官军，保卫大明帝国一直战斗到最后，很感动。再有就是海外的这些事，真的让人很感动，你说那时候南明要是有一个好的外交部长、外交家的话，你把都跟你好着的日本、朝鲜、越南弄起来，澳门那儿，葡萄牙人有弗朗机大炮，都弄起来，你不要不和亲、不纳贡地挺着。所以这时候如果有一个负责外交的人能把这些人都联络起来很重要，在我们这梦幻团队里，我推荐一个人，当然大家肯定骂我骂得更凶了。阮大铖，阉党阮大铖。阉党有阉党的好处，傻 × 有傻 × 的用处，我经常跟 HR 部门的同事讲，不招傻 × 是不可能的，你就算招进来的不是傻 ×，到了一个团队里也会自动分化成有 15% 的傻 ×，HR 部门最重要的工作不是怎么不招傻 ×，不招傻 × 也不可能，而是把傻 × 安排在什么岗位，让傻 × 发挥最大的效能，这岗位正常人去还干不好，只有傻 × 去才能干得好。这才是好的 HR 部门，就比如说我给他们推荐，说这傻 × 安排他干吗，去 Fire（解雇）员工，每次老板要 Fire 员工的时候让谁去聊，让这傻 × 去聊。员工本来满腔愤怒说，竟敢 Fire 我，我辛辛苦苦为你工作好几年，结果一看这傻 × 说，那我还是走吧，我在这公司里还得跟你同事，得了，我连那仨月工资都不要了，我直接搬箱子走了。所以像阮大铖这种人是很有用的。阮大铖也是大戏剧家、大音乐家，是大才子，只不过气节有点问题，但阮大铖特别能八面玲珑，而且特别有文艺细胞，那不就可以让阮大铖出去到朝鲜唱唱歌，到日本跳跳舞，到琉球、越南⋯⋯阮大铖就负责干这事儿挺好。

即使阮大铖不去，朝鲜、越南、琉球等国家也是心向明朝的。这时候多跟大家说两句，朝鲜很感人，朝鲜一直穿明服，因为朝鲜是最早就被大清征服了的，大清还没进关，就先把朝鲜打了。朝鲜没办法，只好臣服大清。但是内心心向故国，朝鲜君臣都着明服，绝不剃发，也绝不穿清朝那怪衣服，着故国衣冠，一直在密谋北伐。但实在太弱了，就是说什么时候明军能打来，比如明军打到山东我们就立刻出兵接应，我们北伐。但是翘首南望王师，这王师越离越远，一开始王师还在淮河，后来在长江，最后王师已经在云南贵州了。这李氏王朝自己苦练兵，然后征税，真的练了几万兵，就等着王师北上的时候立即出兵配合。只有进贡到清朝的时候才用清朝年号，顺治多少多少年。在朝鲜本国，李朝内部的所有公文都用崇祯年号，一直用到崇祯一百多少多少年，就这样忠于我们。你说这外交官都干吗去了，不去外交，就是因为咱明朝没这传统，咱不是不纳贡、不和亲嘛。

感人的小细节给大家分享，明刚亡的时候，朝鲜的外交官来北京进贡、朝贺，那时候已经被迫剃了发、穿上大清衣服的汉人，看见朝鲜的使者身穿明朝衣服，全都垂泪，对着故国衣冠垂泪，这是我大明衣冠，但是今天我们都不敢穿了，只有朝鲜使者还能穿。

先跟大家讲一个小常识、小贴士。戏曲，尤其是京剧舞台上的所有衣服都是明朝衣服，大家看京剧舞台上《空城计》里的诸葛亮，是汉末人，穿的是明服，《杨家将》穿的其实是明服。戏曲舞台成为了人民怀念故国的最后阵地，别的地方都不行了。我穿明服你斩我，我唱戏总可以了吧，所以唱戏的还穿明服，到今天大家看到舞台上所有的京剧全是穿的明朝衣服。大家不知道明朝衣服是什么样，就看京戏。

朝鲜自己的记载，仅仅过了十几年，朝鲜的外交官依然穿着明朝的衣服到北京来进贡，老百姓看见他穿的衣服说，哥们儿你唱戏的吧，你怎么穿这衣服？这衣服多怪。我们汉人太容易就忘了故国了，太容易就忠于新主子了，因为反正咱也习惯了，全世界没有一个国家像中国一样有那么多朝代。可见我大汉民族适应之快，生存能力之强，忘记东西之快，很多东西都已经忘记了。我们这民族有这毛病，就是冲动起来吹会儿牛，两天就全给它忘了。所以冲着故国衣冠说人家是唱戏的，就是这么悲惨。

再说日本，郑成功的妈是日本人，而且郑成功的妈不光是日本人，郑成功的妈在他爸降清的时候还没降清，还挺有骨气，跟着郑成功继续坚持。结果打到最后，郑成功南征北战，但是后方基地被破，漳州、厦门、泉州被攻陷以后，这位母亲还被清兵侮辱了，她是被清兵侮辱了之后自尽的。（当然了，据《台湾外纪》记载，郑成功的母亲是战死沙场，这也是一说。）所以你想郑成功跟清这个仇不是一般的仇：我爸降清我不跟着，那是因为民族大义；就我妈被清兵侮辱了这件事，我郑成功必须得一直跟你干到底，干一辈子。郑成功当时已经派人去了日本，郑成功就是在日本生、日本长大的，还是日本妈，他就是半个日本人。到日本找到了幕府将军，许以割让东北，只要日本出兵。倭寇本来就很厉害，几个倭寇就搞得戚继光不得安宁，更别说大军来助。当时是战国时代刚过，日本军队还是非常能战的，这之前咱们讲过万历三大征，是跟日军打仗的时候，紧接着就回去打战国去了，紧接着就是关原合战等等。我特别希望大家能把历史时代对上，对上以后就会觉得很有意思，日本那边就是德川家，以及日本战国时代留下的军队。德川家不是后来那越来越不行的德川家，当时战国时代刚结束，是非常厉害的德川家。

这个时候再给大家讲一个有意思的东西。永历皇帝最后颠沛流离实在也不行了，怎么办？最后入了天主教。永历全家入了天主教，这段小历史很有意思。除了永历本人不能入天主教，因为天主教首先第一条一夫一妻，永历皇帝说我怎么能，但永历每天精研《圣经》，只是自己没有受洗，因为他不能一夫一妻。永历的母亲、永历的老婆、永历的儿子都入了天主教，所以我给大家讲讲永历的儿子叫什么名字，永历的儿子叫当丁，什么叫当丁？就是康斯坦丁，因为他入了教就改名了，所以永历他们家全成外国人了，太子名叫康斯坦丁·朱，这个名字不是我瞎说的，现在大家去看梵蒂冈档案馆里有一封信，是永历的娘、永历的老婆、永历的儿子一起写给教皇，搬救兵的。最后才想起来外交，想起那么远的教皇。信上写的什么呢？教皇陛下，我们这些忠诚的信徒，玛利亚（太后叫玛利亚）、亚纳（皇后起的名字，其实就是安娜）以及当定（就是康斯坦丁，康斯坦丁·朱太子）一起向您请求。我们作为大明的怎么怎么着，实在不行，请您发兵拯救我们这些教徒吧，等等。这封信现在还在罗马首都博物馆里，所以大家去意大利旅游的时候，别忘了增加一个景点，到首都博物馆里去看看，永历他们家来的信在那儿。但是信去就走了快三年，等回信回来的时候已经七年过去了，那已经大势不可为。

写这封信的动机是什么呢？弗朗机大炮厉害，南明打着打着实在不行的时候，其实还去过澳门，找葡萄牙人借了点炮，葡萄牙人出了几百个人、出了几十门大炮，一打还特管用，就不停地找澳门借兵，澳门就越来越烦，说你们这有完没完，炮也给了你了，还是不行，就给的越来越少了，最后就给100支枪说，你拿走100支枪，剩下的事我不管了。但是这事儿让他们觉得这个天主教来头不小，你想一个小小的澳门都有那么好的炮和枪，那如果教皇一来，岂不就是天兵天将来了吗？于是大家入了天主教。当然了，也有一说，永历皇帝一直就在吃不好饭、穿不好衣的特别悲惨的情况下流浪，在过程中需要点精神寄托。也有一说是有个太监是信天主教的，所以就把教传给了大家。

总而言之，明朝的最后一任皇帝永历是我国历史上汉人的最后一位皇帝，同时也是唯一的一位天主教皇帝，破了两个纪录。

南明这些人里也有有名的人，为什么有名？因为他在金庸小说里，叫沐天波。沐天波大家都听说过，沐英的后代，世镇云南，云南当时并不被当成一个平等的省对待，而被当成一个蛮夷之地对待，于是就让他们一家子在云南管一辈子，所以沐天波沐家世镇云南。大家记得在金庸小说里，每次这沐王府跟天地会的人一碰面，就要为了到底是唐王还是桂王的问题打起来，两边要拔刀，当时小的时候看还不明白什么意思，说什么唐王桂王，现在给大家讲讲南明史，大家就开始慢慢明白了，就是有一拨人拥桂王，有一拨人拥唐王。尤其是拥隆武帝的弟弟唐王的那拨（隆武帝弟弟继承了唐王）和拥桂王的确实还打过仗，真正地打过仗，在清兵南下之前，两边在两广，这边拥立永历帝，那边拥立绍武帝，也叫唐王。这边的永历帝当然是沐天波支持的了，唐王那边有一拨人支持，郑成功最后是遥奉了永历帝，所以在郑家那儿养着的姓朱的都不能称帝了，包括鲁王监国最后也跑去了，跑到台湾，鲁王监国最后死在了台湾。但是郑成功遥奉永历帝，叫"奉朔不奉诏"，就是说我只奉你正朔，但是不奉诏，对不起，您别给我下圣旨，我郑家纵横海上不听您的。

永历帝已经在沐天波以及少数忠臣的辅佐下，流亡到了缅甸，但是缅王一直是我们的属国，归云南沐王府管，所以开始还算客气，可是不让进城，说您在河对岸住，于是在河对岸扎了几个小棚子，苦极了。大家知道缅甸老涨水，稍微一涨水，君臣就数日没有粒米下饭。不涨水的时候，缅王派人从对岸送几碗饭过来，大家就随便一吃，非常非常悲惨。当然最后吴三桂打到了云南之后，缅王也受不了压力，叫咒水之难，很惨。

我特别喜欢沐天波这个人，但是《鹿鼎记》里没写沐天波的下场，不知道金庸为什么不去写了，这沐天波最后结局是这样的，缅人是不敢杀沐天波的，因为沐王府世镇云南，一直管着缅甸，他们对沐家的人有那种神一般的敬仰，但是咒水之难就是说请永历帝去赴宴，所有人都说必是鸿门宴，因为吴三桂已经来了，那永历帝也不敢去。最后沐天波说，那我带大家去吧，皇上您就安全点。沐天波带大家去，到那儿被包围，除了沐天波一个人是沐英武将后代，会武功以外，所有的都是文官。他们身上都没带武器，沐天波一看这阵势不对，当场从一个缅甸兵腰里抽出一把刀，手刃数人，保护这些文官。他知道别人不敢杀他，但是没办法，因为他拿着刀拼最后连他也杀了。沐天波以及当时几乎所有跟着永历帝的大臣全部在咒水之难中殉难。

但是咒水之难这个消息传过去的时候，正好教皇的回信也到了越南，教皇还真回了封信，越南华侨们听到咒水之难、听到永历蒙难号啕大哭。我看到这段笔记里的记载特别感动，当时西贡的所有华人会馆一起发帖子，大家聚会商量怎么办，怎么去救永历帝。你想想他们已经是越南华侨了。而且他们打出了一个横幅让我听了特感动，说："唐虽二三户，必复旧河山。"他们在海外管自己叫唐人，仅剩两三户都没关系，一定要恢复旧河山。大家一起怎么去缅甸救永历帝，就不给大家讲了，这都是很笔记性的东西了。

讲完越南华侨的感人事迹，咱们再讲缅甸的华侨。我当然没考证过跟永历带去的人有没有关系，但是在缅甸有一支一直打着明朝旗帜的汉人部落，汉人跑到人家那儿成部落了，这个部落大家很熟悉，它的名字叫果敢。果敢大家看新闻经常能看到，现在还有很多内地的愤怒青年说，我们上果敢参军去，帮着果敢一块跟缅甸政府军打。果敢在那里是一个汉人的州，这个汉人的州一直打着明朝的旗帜，这个时候我要给大家看一眼明朝的旗帜——青天白日旗。

这下大家知道为什么当年孙中山他们要设计青天白日旗了，因为这个青天白日的原型，就是明朝的旗。当时反清的时候，首先打出来的旗号叫"驱除鞑虏，恢复中华"，那拿什么当旗号，就拿明的旗帜当旗号，意思就是说我们汉人被你们占领了200多年，现在我们要恢复中华，所以打起了明朝旗帜。这明朝旗帜是外边加了点光芒角，后来还多了个红，就是青天白日满地红，这就是为什么 1912 年南京临时政府成立的时候打的是青天白日旗，紧接着清帝退位了，政权转交给袁世凯，转交给北洋系，转交给北京政府，打起了五色旗。现在大家明白为什么了吧？因为青天白日旗是明旗，打明旗的意思就是要驱除鞑虏，但是清朝一退位，我们的口号改了，在你没走之前我叫驱除鞑虏，你一走我叫五族共和。这就是为什么孙中山夸洪承畴说他不是汉奸，因为他让满蒙回中原。五族就是汉满蒙藏回，五色旗。这青天白日旗大家认为是一个种族歧视旗，按今天的时髦讲法，青天白日旗是一个皇明大汉沙文主义的种族歧视旗，所以北京政府坚决不打青天白日旗而打五色旗，表明我们各族平等、五族共和。打着这个明旗的果敢部落一直坚持着，大家猜猜坚持到哪年？这明是 1644 年灭国，南明 1662 年也灭了，就是在缅甸永历帝被抓回去在云南昆明处决。咱们果敢的这些遗老遗少遗民们，忠于明一直打着这旗帜到了 1968 年，到了"文革"的时候，可能才被各种红卫兵冲到缅甸去给冲没了。

其实流落海外的有大量的感人故事，我这儿只能给大家提几个，西贡的必复旧河山、果敢的打着明旗一直打到 1968 年、朝鲜的忠诚等等。其实还有流亡到更远去的，包括兰芳大统制共和国，那是清朝的时候，下南洋的华人在印尼自己成立了一个共和国，依然打出明朝旗帜，兰芳共和国还坚持了100 多年（1777—1884 年），这可是中国人在海外建的第一个国。不是中国人不会建国，咱也建过这国。一百年以后，兰芳共和国实行了一种非常有意思的民主体制。

明是最后一代汉人政权王朝，汉人在那之后再也没有王朝了，也不需要王朝了。我们今天已经到了现在的 21 世纪了，再也不需要那些东西，也不需要大家有什么忠君的思想，我觉得这都是些腐朽的思想，尤其是爱他们朱家，就朱家皇帝多英勇……明粉，其实我对你们没别的意见，我就两个意见。第一个意见就是大汉族沙文主义。说其他少数民族的人全是蛮夷、鞑虏，这是我不能接受的，这在美国就叫种族歧视，这在美国是没有人能说出口的，在这儿居然能冠冕堂皇说出口；第二就是喜欢朱家皇帝，给朱家皇帝喊口号，什么"不和亲！不纳贡！天子守国门！君王死社稷！"这个我不能接受，忠于朱家皇帝的人就是奴才。只有爱整个这个国家，爱我们 5000 年祖国的人才是我喜欢的。所以只要明粉能把这点去掉，咱们一起讨论明朝的事情就没有问题。

总而言之，如果当时南明能有我说的这个梦幻团队，不但有黄河以南的广大土地、百万大军，外面还有这么好的外交形势等，那么……基本上梦幻团队说完了，再给大家复述一遍：唐王隆武帝当皇帝，孙可望当首辅，史可法副职，阮大铖负责外交，李定国、刘文秀负责陆军，郑成功负责海军。当然如果大家非要加一个张煌言、张名振我也没问题，因为当时明朝海军无论是郑家的还是南明的都很强。实际上大家再一看这梦幻团队，觉得就这样怎么能输呢！当然有人从制度层面分析，说明朝制度先天缺陷、专制政权如何如何；有人从国运方面分析，其实南明的事就像一排多米诺骨牌，有一块牌子撑住了就能多撑 100 年。其实你说南宋、东晋也就是一块牌子撑住了，有一个能人，哪怕你有一个秦桧。大家都说秦桧是汉奸，我觉得秦桧至少用外交手段稳定了南宋局势，当然主要是赵构的主意，秦桧来执行。其实岳飞就是那种"不和亲！不纳贡！天子守国门！君王死社稷！"，真要都跟岳飞似的，两天就被灭了。至少大家还能靠外交，远交近攻这些东西，把南宋维持了一百多年。南宋至少这些文臣武将都还有吧，挡住了一块多米诺骨牌。

南明是正好每一次清兵南下他们都内战，就像刚才我说的三次内战，其实中间有三次特别好的机会和大高潮，尤其在永历朝的时候。永历朝第一次大高潮，就是数十万大顺军一下投了明。你想大顺军曾经把明军打成什么样，左良玉都打不过大顺军的败兵，这一下大顺军这么多骁将投了明了，这是一大高潮。结果由于自己的什么何腾蛟歧视农民军，败了。第二次是大批的汉人降清将领反正，一起举起义旗。那一次是举国举起义旗，从两广开始，两广总督李成栋就是咱们之前讲过的江北四镇高杰的部下，高杰死了以后史可法非不认人家儿子当干儿子，派一太监给人当干爹，气得高杰全军投了清，其中最能打的李成栋就是一直从福建到广东、广西全打下来。李成栋在两广举起义旗归降明朝，这是一支极其能打的大军。紧接着就是左良玉军里最能打的大部将之一金声桓，征服了江西、湖南一部分，金声桓和李成栋同时举起义旗，又都回归了明朝。李成栋回了明朝，两广回了明朝；金声桓回了明朝，江西、湖南回了明朝。紧接着全国各地的这些已经降了清的将领一看李成栋、金声桓都已经反正，那我们也立刻举起大义旗。

当然，这前后一个重要区别，就是剃头不剃头。最开始这些人投降的时候，清朝还没有要求大家剃头，剃头对他们的转变有重大的影响，这就是个亡国还是亡天下的问题。因为很多人其实不在乎亡国，亡国是亡你朱家国，我们换一朝也没关系，但是你要剃头等于我的文化没了，文化没了大家就觉得天下亡了。我觉得明朝后来的知识分子、南明知识分子很多已经体会到这个问题了，就是朱家王朝其实不可惜，可惜的是我们这几千年的文化，所以亡国亡天下的区别他们说得特别好："国家兴亡，匹夫无责，肉食者谋之。"国家兴亡跟我有什么关系，谁拿俸禄谁管，肉食者就是当官的，跟我老百姓有什么关系？我没受过皇恩、没拿过俸禄。"天下兴亡，匹夫有责。"这是南明血的教训给今天的中国人民带来的辨析，就是说政府跟国家是两个概念，不是爱国就得爱这个政府，不是爱国就得爱这个王朝，是吧？所以国家兴亡，匹夫无责，肉食者谋之，跟我没关系。天下兴亡，匹夫有责。朱家王朝死了我没问题，我跟着清朝继续干，但是你让我剃头，让我们汉家文化全没了，那大家起来干了。"江阴八十一日""嘉定三屠"都是因为剃头。

后来有大批将领反正，一直反正到什么程度？大同总兵都举起了义旗回归明朝反正，从南到北掀起了所有明朝官军反正的热潮，这是永历帝最好的机会，结果又是因为指挥不统一、到底谁接应谁、到底郑成功来不来……大家全都没配合起来，导致这一次大高潮又熄灭了。这郑成功这个时候起了很坏的作用，李成栋反正之前就开始联络郑成功，因为李成栋离郑成功最近，说我在两广，您在台湾，咱就干了。郑成功回去说好，咱们在哪儿哪儿会师。结果一打起来，李成栋跑，郑成功没来，郑成功一想，我跟你们这些人有什么关系吗，我郑家自己的产业做得挺好，走私也好，保护贸易也好，台湾是我的，结果郑成功没出兵。当然后来郑成功出兵的时候，别人又没出兵。郑成功出兵封锁长江，大家知道当时水师厉害，有一个最重要的好处就是能封锁长江，一封锁长江，南北隔断，你援军过不来江阴，我水军强，郑成功封锁长江的时候在那等了好多好多天，南方的又没北上。总之这一波革命高潮又熄灭了，李成栋、金声桓都战死了。紧接着就是第三个大高潮，之前咱们讲过了，大西军反正，就有了孙可望、李定国等，又是因为内讧不行了。

最后我们收尾南明的时候，跟大家稍微讨论一下历史观的问题。我觉得至少有三级历史观。最低级的、最狭隘的就叫民族主义历史观，就是只有我们民族是好的，其他民族统统是王八蛋，其他民族的好皇帝也是王八蛋，我们民族再坏的皇帝、我们朱家皇帝就是荒淫无道都没关系，我们是汉人……这是最低级的历史观，叫民族主义历史观。比它高级一点的，我觉得是叫以人为本的历史观，就是不管你是哪个民族的，不管你是什么样的人，你干什么，你只要对人民好，这个朝代对人民好，人民能休养生息，国家能发展、文化能发展、经济能发展，这就是好的，这就是基本的，我觉得比那高一级了，就是叫以人为本历史观。

我觉得更辽阔一点去看，有一种更大的历史观，我给大家举一个数字，大家就会觉得特别有意思，今天当然已经能够计算所有东西了，还专门有爱算算术的历史流派，幸亏有他们这流派，虽然他们这流派很年轻，才几十年，但是他们算出了好多数，有一组数字我看了以后，觉得很有意思，就是全世界的人均 GDP，从公元 0 年，就是耶稣生下来那一年，是大概四百几十美元的样子，一直到 1800 年工业革命之前是 500 美元的样子，所以根本就没涨，从公元 0 年到 1800 年人均 GDP 就没涨。GDP 怎么涨？什么叫一个国家繁荣发达、一个国家衰落？其实就是人口多，因为人均 GDP 是一样的，是恒定的，生产率始终是一样的。工业革命之前这 1800 年，人们并没有提高任何生产力。所以整个这 1800 年的历史完全可以看作几次"马尔萨斯陷阱"的循环。

　　"马尔萨斯陷阱"就是在生产率恒定的情况下，把这个数值恒定，整个人类社会就变成，人口一增长，总数就长，但是地并没有长，你就得去开荒地，荒地开完以后"马尔萨斯陷阱"来了，地不长的情况下人口长，人均的地就减少，人均的地减少以后危机就来了，战争、瘟疫，然后人口大减少，人口大减少导致一下子人均耕地增多，于是人均耕地增多大家就开始进入盛世。所以每一次盛世都是在战乱之后，盛世大家就生孩子了，盛世不生孩子啥时候生孩子？一生孩子就进入"马尔萨斯陷阱"，就人口越来越多，人均土地越来越少，生产效率并不提高，导致大危机的来临。

　　那明末我们也可以认为是在"马尔萨斯陷阱"大循环中的一环，正好到了明朝的时候你赶上了，因为明朝人口是增长极快的，明朝人口到明末的时候已经到了一亿七八千万，到了这么多人口的情况下，"马尔萨斯陷阱"马上爆发，起到作用。所以在工业革命之前，真的科技带给人类彻底的改变之前，人类社会的整个历史就看你处在"马尔萨斯陷阱"的哪个阶段，你处在头上那个部位的时候你就繁荣发达，盛世来，明末人口大量减少，那清初当然是盛世了。所以清初的盛世，如果我们用更大的历史观角度看，是不是因为这几个皇帝好呢？其实是正好处在"马尔萨斯陷阱"的那个循环，就是人口极大降低，那人均耕地增多，盛世就来了。工业革命之前是这个大循环，我们差不多到了一八六几年的时候，人均 GDP 大概也只有 500 多美元，当然那个时候我们的人口可已经是四亿多了，所以大家老说清朝是世界 GDP 第一名，您那 GDP 第一名是人均从 1800 年前到现在没长过，是靠人口，生出这么多人来。但工业革命之后，今天的人均 GDP 已经几万美元，到了这个地步，所以真正地给人类带来变化、给历史带来契机、给我们带来所有改变的，是因为科学，而不是因为两个明君或者三个昏君，明君也好昏君也好，处在"马尔萨斯陷阱"的这一循环里，你就是没办法。

至于大家谈到的小冰期，我不认为是明朝灭亡的原因，因为小冰期是整个全球性的，北半球全部进入小冰期，明朝是歉收，英国也歉收，西班牙也歉收，那为什么人家是继续昂扬前进的大帝国？小冰期一来，人家没灭国啊，怎么就明朝灭了？我觉得还是因为我们封闭在这里面的、自己的"马尔萨斯陷阱"循环导致的。

今天跟大家讲到历史观的问题，希望明粉也好，我们广大的读者也好，当你看历史的时候，最好从不同的角度和不同的高度去看一看。自己慢慢平复一下心情，看历史的时候也不要经常扼腕叹息："就差这一分钟，没这一分钟就赢了！"没那么简单，历史没这一分钟必有那一分钟，没这一个汉奸必有那个汉奸。我应该这样讲，对于明朝这样一个中国历史上第一个这么集权的体制，当历史发展到那一步的时候，即使洪承畴、吴三桂都没降清，我猜历史也不会有什么大的改变，一样会滚滚而来。明粉还有一个矛盾，就是你恨清，当然我也不喜欢清，但是清的体制完全延续了明，清完全就是跟明学的，因为清来的时候没文化。那你说你讨厌清，你为什么喜欢明？这两个体制有什么不同吗？给我们讲讲。好，不开玩笑了，南明悲歌就聊到这里，我已经有点热泪盈眶的意思了。

图书在版编目（CIP）数据

晓松奇谈. 第1卷 / 高晓松著. — 南京：江苏凤凰
文艺出版社，2015

ISBN 978-7-5399-7987-8

Ⅰ. ①晓… Ⅱ. ①高… Ⅲ. ①随笔 – 作品集 – 中国 –
当代 Ⅳ. ①I267.1

中国版本图书馆CIP数据核字(2014)第303042号

| 书　　　名 | 晓松奇谈. 第1卷 |
| --- | --- |
| 著　　　者 | 高晓松 |
| 责 任 编 辑 | 郝　鹏　孙金荣 |
| 特 约 监 制 | 龚　宇　马　东　王湘君　闫　虹 |
| 策 划 编 辑 | 琅　川 |
| 特 约 编 辑 | 张　磊 |
| 文 字 校 对 | 孔智敏 |
| 封 面 设 计 | 小 P 设计 |
| 版 式 设 计 | 申　佳 |
| 特 约 顾 问 | 陈　潇　张语芯　唐　锐　王晓燕 |
| 出 版 发 行 | 凤凰出版传媒股份有限公司 |
| | 江苏凤凰文艺出版社 |
| 出版社地址 | 南京市中央路165号，邮编：210009 |
| 出版社网址 | http://www.jswenyi.com |
| 经　　　销 | 凤凰出版传媒股份有限公司 |
| 印　　　刷 | 北京市兆成印刷有限责任公司 |
| 开　　　本 | 700毫米×1000毫米　1/16 |
| 印　　　张 | 18 |
| 字　　　数 | 191千字 |
| 版　　　次 | 2015年7月第1版　2015年7月第1次印刷 |
| 标 准 书 号 | ISBN 978-7-5399-7987-8 |
| 定　　　价 | 42.80元 |

（江苏凤凰文艺版图书凡印刷、装订错误可随时向承印厂调换）